克隆恐怖

"9·11"至今的图像战争

Cloning Terror

The War of Images, 9/11 to the Present

[美]W.J.T.米歇尔
（W. J. T. Mitchell） 著

王玲 普慧 译
王玲 审校

中国社会科学出版社

图字：01-2019-1788 号
图书在版编目(CIP)数据

克隆恐怖："9·11"至今的图像战争/（美）W. J. T. 米歇尔（W. J. T. Mitchell）著；王玲，普慧译. —北京：中国社会科学出版社，2023.9
书名原文：Cloning Terror: The War of Images, 9/11 to the Present
ISBN 978-7-5227-1922-1

Ⅰ.①克… Ⅱ.①W…②王…③普… Ⅲ.①反恐怖活动—研究—美国 Ⅳ.①D771.288

中国国家版本馆 CIP 数据核字（2023）第 152267 号

Licensed by The University of Chicago Press, Chicago, Illinois, U.S.A.
© 2011 by The University of Chicago. All rights reserved.

出 版 人	赵剑英
责任编辑	赵 丽　朱亚琪
责任校对	王 晗
责任印制	王 超

出　版	中国社会科学出版社
社　址	北京鼓楼西大街甲 158 号
邮　编	100720
网　址	http://www.csspw.cn
发行部	010-84083685
门市部	010-84029450
经　销	新华书店及其他书店

印　刷	北京明恒达印务有限公司
装　订	廊坊市广阳区广增装订厂
版　次	2023 年 9 月第 1 版
印　次	2023 年 9 月第 1 次印刷

开　本	710×1000　1/16
印　张	12.5
字　数	202 千字
定　价	58.00 元

凡购买中国社会科学出版社图书，如有质量问题请与本社营销中心联系调换
电话：010-84083683
版权所有　侵权必究

序　言
为了一场反对错误的战争

> 战争只不过是政治交往的继续，是政治交往通过另一种手段的实现。
>
> ——卡尔·冯·克劳塞维茨（Carl von Clausewitz），《战争论》（*On War*）

每一段历史实际上都是两种历史。一是关于实际所发生之事的历史，二是关于对所发生之事的感知的历史。第一种历史集中于事实和数字；第二种历史侧重于图像和文字，它们确定在其内部的那些事实和数字有意义的框架。例如，修昔底德（Thucydide）的伯罗奔尼撒战争史被严格地划分为"所发生之事"的历史和"所说之事"的历史，即叙事和言说。同样，反恐战争（the War on Terror）也可以被分为两种历史：所发生之事，以及当反恐战争发生时，为了证实、解释和叙述它而所说之事。不同的是，在我们这个时代，被做之事和被说之事都会经过大众传媒的过滤，（对修昔底德而言已经相当重要的）图像和想象的作用也被大大扩展了。当代战争可以在实时的多媒体呈现中被看到和被显示——不仅在像电视这样的广播媒体中，而且在诸如手机和数码相机这类设备上的像优兔网（YouTube）和推特网（Twitter）这样的社交媒体中。对历史认知的形塑不必等待历史学家或诗人，而是由在全球范围内传输的视听—文本图像即刻表现。

本书各章节起源于乔治·W. 布什（George W. Bush）总统任期

内或任期结束后不久，即反恐战争时期。本书最初试图分析言语图像和视觉图像在反恐战争中的作用，并研究这场战争本身作为一个虚构、隐喻概念的特殊性质，而且这个概念已经变成了现实。然而，在这个过程的早期，我的脑海中又浮现出了另一个形象，这就是克隆体和克隆行为的形象，它似乎作为一种潜在含义和对应物贯穿于反恐战争的意象之中。在此期间，克隆作为一种成像本身的形象出现，即媒体和技术科学领域的一系列技术革命的象征性缩影——数字成像、小工具复制和设备复制、生物身份问题，当然还有实际意义上的克隆高等动物（包括克隆人类）的问题。还有一个科学事实，即克隆是一种自然过程，每当免疫系统抵御感冒或当病毒开始增殖并跨越地理边界从一个宿主迁移到另一个宿主时，克隆就会发生。换句话说，克隆不仅正在成为生物技术的一个中心范例，而且正在成为广泛生物政治现象的一个中心范例。

那么几乎不奇怪，"克隆恐怖"这一表述成为反映这场战争实际影响和统计效应的一个不可避免和显而易见的隐喻，同时这一表述反映了反恐战争导致招募的圣战分子增多和恐怖袭击次数增加这一事实。[①] 2007年7月发布的《国家情报评估》（The National Intelligence Estimate）非常清楚地表明：

> 我们估计，激进的互联网站点尤其是萨拉菲（Salafi）互联网站点的蔓延、日益激进的反美言辞和行动、西方国家日益增多的激进的且自发形成的秘密组织[②]表明，在包括美国的西方的穆斯林人口中的激进和暴力部分正在扩大。[③]

[①] 政治学家罗伯特·佩普令人信服地认为，自杀式恐怖主义是一种通常出现在被外部势力军事占领下的人群中的策略。在美国入侵和占领之前，在伊拉克没有自杀式炸弹袭击者，而且在以色列—巴勒斯坦地区，自杀式炸弹袭击是在数十年的军事占领之后才开始的。参见他的 Dying to Win: The Strategic Logic of Suicide Terrorism (New York: Random House, 2005)。

[②] 英语短语"self-generating cell"在本书中既指自我生成的细胞，同时因为其中的英语单词"cell"还有秘密的基层政治组织的含义，所以它在本书中用于生物政治的比喻，又指自发形成的秘密组织，具有双关语义。——译者注

[③] "Full Text: July 2007 National Intelligence Estimate (NIE) on Al Qaeda Threat to U.S. Homeland," http://intelwire.egoplex.com/2007_07_17_exclusives.html, 2009年11月21日访问。

《纽约时报》（New York Times）记者斯科特·谢恩（Scott Shane）以最直白的方式发表了这样的报道："'9·11'恐怖袭击发生近6年之后，在反恐战争的名义下耗费了数千亿美元而且牺牲了数千人的生命，这提出了一个单一而又迫切的问题：我们是否更安全了？"① 按照美国所有联合情报机构的观点，答案显然是否定的。

这个答案并不仅仅是基于世界各地越来越多的人死于恐怖袭击的统计数据，② 更重要的是基于对新媒体使激进意识形态得以传播所做的定性评估，以及独立于任何集中指挥而发挥作用的"自我生成细胞"的概念。当然，一个自我生成的细胞参与了克隆自身的过程。像癌细胞一样，它很难与人体自身的健康细胞区分开来，也很难局限于身体的某个部位或器官。像恐怖主义一样，它也有转移的趋势，在一个由身体健康运转必不可少的循环系统（例如淋巴系统）加速的过程中跨越器官之间的界限。

与情报警察和反恐警察的策略相比，战争尤其一场全球战争是一种过于生硬的手段，无法有效地对付不穿制服、与民众混在一起或仅仅是民众一员的那些无法识别、无法定位的敌人。在经典的克劳塞维茨意义上，战争是两个主权国家之间的冲突，正如克劳塞维茨著名的解释，战争是"政治的延伸"，而不是目的本身。安纳托尔·拉帕波特（Anatol Rapaport）指出，通过恐怖主义和其他游击战术进行的革命战争和叛乱战争

> 是不"对称的"。一方所使用的战略和战术并非另一方所使用的那些……革命对手的"军事力量"是分散的。除非准备消灭人口的大部分，否则人们从不确定是否已经消灭了革命对手的"军事力

---

① Scott Shane, "6 Years after 9/11, the Same Threat," *New York Times*, July 18, 2007. http://www.nytimes.com/2007/07/18/washington/18assess.html?r=1, 2009 年 11 月 21 日访问。

② 参见埃里克·布鲁尔（Eric Brewer）对由兰德公司（the Rand Corporation）和国家反恐中心（the National Counterterrorism Center, NCTC）提供的恐怖袭击导致的全球死亡数据的分析，该分析揭露了他所谓的"布什泡沫"（the Bush Bubble），即反恐战争开始后急剧上升的死亡率。http://rawstory.com/news/2008/White_House_Increase_in_terror_attacks_0110.html, 2009 年 11 月 21 日访问。

量",而且这通常与战争的政治目标相冲突,因此也违背了一个基本的克劳塞维茨原则。①

当针对叛乱分子和恐怖分子时,入侵、征服和占领的克劳塞维茨经典战术会以平民伤亡和难民的形式造成附带损害增加的影响,从而使新的叛乱和民族抵抗运动激增。在美国入侵伊拉克之前,基地组织(Al Qaeda)并不在伊拉克,而这次入侵使伊拉克从一个很容易被经典军事手段所征服的普通好战军事独裁政权转变为民族主义叛乱和国际恐怖主义的温床。

与此同时,在最近关于克隆、干细胞研究以及生物伦理学和生物政治学中所有相关问题的全国辩论和全球辩论中,"生殖"的整个问题——繁殖、生育能力、性、遗传学——已使它自己被人感知。所谓的"克隆战争"构成了与反恐战争并列的"第二战线"。作为一个字面上的事实,克隆变成了人们关于人类繁殖、堕胎、同性恋及整个生物技术领域的焦虑的标志性敌人。从这个意义上来说,"克隆恐怖"不仅意味着恐怖主义像癌症、病毒或瘟疫一样传播的过程,而且意味着克隆本身的恐怖,即我称之为"克隆恐惧症"的一种综合征,它源于古代对复制、模仿、人工生命和图像制作的焦虑。因此,就像恐怖主义一样,克隆在想象的表现与现实的表现、隐喻的表现与字面的表现之间来回穿梭。通过这种方式,克隆成为图像制作本身的主隐喻或"元图像"(metapicture),尤其是在新媒体和生物媒体领域。鉴于我的主题是图像在反恐战争中的作用,克隆这个话题似乎变得越来越不可避免。

本书开始于现在,即本书正试图描绘的时期结束之际,亦即随着巴拉克·奥巴马(Barack Obama)的当选,反恐战争和克隆战争似乎正在逐渐淡出成为过去的这一时刻。本书然后返回到开始,回到随着布什政府将注意力从克隆战争转移到反恐战争,克隆与恐怖主义汇集

---

① Anatol Rapaport, "Editor's Introduction" to Carl von Clausewitz, *On War* (first pub. 1832; London: Penguin Classics, 1968), 53. 安纳托尔·拉帕波特是一位杰出的博弈论理论家,曾是芝加哥大学数学生物学委员会(Committee on Mathematical Biology)教授。

于一个惊人的历史巧合中的"9·11"时刻。随之而来的是整个时期的一种图像学快照或"生物图像"(biopicture),审视克隆与恐怖之间的联系如何像一条紧经纱贯穿那些不露面容、不露头部和匿名的标志性形象,贯穿像病毒一样变异和传播的一队双生子、相似者、多胞胎和镜像,贯穿图像粉碎和图像创造的时刻,即恐怖主义的具有偶像破坏特征的创伤性图像,尤其是在其字面主义和宗教的倾向上。

我然后转向在克隆体形象中的生物图像本身的主版本。克隆究竟是什么?在被柏林马克斯·普朗克研究所(Max Planck Institute)的科学家们称为"克隆时代"的这个"克隆恐惧症"时代,既从字面上也从比喻上来看,克隆变成了什么?这之后是分析更具系统性和社会政治性的生物图像,特别是基于生物入侵——用于解释恐怖对社会机体或人口的影响的瘟疫、病毒、传染病、流行病、癌症这些术语——的恐怖主义模式。这些反思导致另一种描绘恐怖的模式,即免疫系统及其紊乱,这也是对雅克·德里达(Jacques Derrida)将恐怖主义描绘为自身免疫紊乱的一种推断。之后《不可言说之事物和不可想象之事物》一章中探讨的是与恐怖(terror)和酷刑(torture)成双做法相关的刻画和语言的局限性。

本书最后深入探讨了在任何关于反恐战争中图像的讨论中什么必须被视为问题的核心,这就是阿布格莱布监狱(Abu Ghraib)照片档案。为什么这些照片尤其一张(戴头罩男子)照片成为这个时期的中心图像—事件(image-event)?为什么这些照片出现的丑闻没能使对它们的生产负有责任的政府倒台?正是这些照片中的什么使得它们不断回到公众视野?这些照片是否更像是拒绝入土为安的鬼魂?或是一种挥之不去的传染病?或是两者兼而有之?艺术家们在各种媒体上用这些照片做了什么来帮助它们复活或者安静地休息并接受虔诚的和批判的关注?戴头罩男子的什么特定形式特征和图像特征起作用而生产出克隆人(the Clone)与恐怖分子(the Terrorist)的一个合成图标?并在这个过程中唤醒了将基督教、犹太教和伊斯兰传统中的主权形象与屈辱形象联系在一起的许多世俗图像和宗教图像?

很明显,这是一个相当黑暗的主题,这一主题涉及记住一系列大多数人都想要忘记的图像。为什么要重拾这些图像或者徘徊于它们无法抑制的回归趋向上？我可以用劳伦斯·韦施勒（Lawrence Weschler）发明的阿布格莱布监狱照片的元图像来最好地回答这个问题。这一图像改编了诺曼·洛克威尔（Norman Rockwell）的名画《发现》（*The Discovery*），但却显示了一个少男惊讶地发现在他父母的抽屉柜里不是预期的圣诞老人套装，而是散落满地板的一堆阿布格莱布监狱照片（参见图1）。

图1　劳伦斯·韦施勒和内奥米·赫斯科维奇（Naomi Herskovic）：《美国人的纯真》（*American Innocence*）（2007年），2007年10月纽约大学纽约人文研究院召开的专题讨论会海报，基于诺曼·洛克威尔的《发现》（1956年）。

这是一幅对美国人的纯真的写照，美国人民似乎有无限的能力去忽视或忘记那些以他们的名义所做之事的不便透漏的真相。因此这本书说到底是一个相当简单的记忆练习和历史失忆预防。生产出阿布格莱布监狱图像以及更普遍的反恐战争的既有"理性"又有幻想的思想体系都没有消失。这些思想体系只是暂时失去了政治权力，它们一经通知就能够返回，例如到2010年大选时。如果它们卷土重来，我希望本书能够提供一些有用的阻力。

那么本书的写作部分上是作为一场反对错误（error）的战争，即与那些法律上的和道义上的努力齐心协力的一个简单的正义之举，那些努力是为了结束反恐战争、它的酷刑制度，以及"基于信仰"的外交政策将它变成一场威胁美国宪法的圣战这一方式。本书的写作也是为了揭露克隆战争的神话，因为这些神话是建立在结合了厌女症和同性恋恐惧症的"基于信仰的科学政策"的基础之上。在本书诊治作为图像事件和想象事件的恐怖主义和酷刑时，特别是在本书关于克隆和传染病的生物图像中，本书的笔调可能看起来是冷漠的且如临床诊断般的，但那是它们的运作现实的一个必要部分。当我写作"基于现实的社群"这一部分时，我将调查想象——包括宗教想象——如何成为那种现实的建构核心。如果没有把握反恐战争产生的图像和产生反恐战争的图像，那么对克隆战争和反恐战争二者的法律、伦理和政治的理解就不会完整。

方法说明

在本书的开始，谈谈本书中采用的图像分析方法可能是有用的。我把这种方法称为"图像学"（iconology），即对跨媒体图像的研究。从图像学的立场上来看，图像既是言语实体，又是视觉实体；图像既是隐喻，又是图形象征。它们同时都是概念、对象、图画和象征形式。一些图像成为社会政治现实中的作用力，获得通常为人所知的"偶像的"地位——被广泛识别，并激起强大的情感。"反恐战争"这个短语中蕴含的修辞被广泛当作布什政府发动的"争取公众舆论的斗争中最有力的武器"。[①] 阿布格莱布监狱戴头罩男子的图像成为具有全球识别度的图标，"对美国利益而言比任何大规模杀伤性武器都更

---

① Dan Froomkin, "War: The Metaphor", 2005年8月4日给Washingtonpost.com的特约稿。

危险"。①

在相当直接的意义上,所有的隐喻和图像都是一种"错误"。从逻辑的立场上来看,隐喻是一种错误,而图像是一种模拟,即一种模仿,而不是真实的东西。因此,反恐战争与"反紧张战争"有大致一样多的意义,它是字面上不可能的事。然而不可否认,反恐战争在21世纪第一个10年中成为一种实质性的、历史的现实,这个星球上最强大的军事机器使之字面化和现实化。这一字面化过程并非无意识地被完成,而是得到了这一时期关键政治顾问们的明确肯定。记者罗恩·苏斯金德(Ron Suskind)报道了在2004年总统大选前与布什的一位关键助手的以下谈话:

> 这位助手说,像我这样的人"处于我们称之为基于现实的社群当中",他把这个社群定义为"相信解决办法来自你们对可识别现实的明智研究的人们。"……他继续说道:"那已不再是世界真正运转的方式。""现在我们是一个帝国,当我们行动时,我们创造我们自己的现实。当你们研究这一现实时——正如你们会明智地如此做——我们会再次行动,创造其他新的现实,你们也可以去研究这些现实,这就是情况会解决的方式。我们是历史的演员。……而你们,你们所有人都将仅只剩下去研究我们的所作所为。"②

这一声明当然是一种令人吃惊的傲慢表达,但它也必须作为图像和隐喻处理方法的指南而被认真对待。仅仅指出隐喻中的错误或图像中缺乏现实是永远不够的。同样重要的是要追溯隐喻之事变得字面化、图像变成实际的过程。这意味着放弃图像学家武器库中最轻易可得和过度使用的武器,即"批判性偶像破坏"的战略,这种战略通过揭露

---

① 2004年6月,西北大学海军预备役军官训练团指挥官丹·摩尔上校在关于阿布格莱布监狱照片的首次宣讲会上的发言。
② Ron Suskind, "Faith, Certainty, and the Presidency of George W. Bush," *New York Times Magazine*, October 17, 2004. 布什的关键助手证明是卡尔·罗夫,参见 http://maschmeyer.blogspot.com/2009/03/reality-based-community.html.

一个偶像的不真实和隐喻性特点而轻易取胜。关于图像虚幻特点的直率的、常识性声明简直行不通。相反，我们需要一种既能识别和接受图像的非现实性又能识别和接受它们的运作现实的方法。

遵循尼采（Nietzsche）在《偶像的黄昏》（*Twilight of the Idols*）中的明智建议，我想把这一方法称为"偶像的发声"，以放弃破坏性、偶像破坏的批评，转而采用一种更微妙的方法：如尼采所说，偶像"在这里被锤子触碰，就像被音叉触碰一样"。① 换句话说，对象不是要粉碎，而是要发声，不是要参与破坏（destruction），而是（如雅克·德里达会说的那样）要参与解构（deconstruction）。我希望这一过程将避免空洞战胜困扰 21 世纪第一个 10 年的恐怖和克隆这些空洞偶像的喜悦，并将那些图像转变为用于在可预见的将来抵制克隆恐怖的分析工具，甚至治疗工具。

以下是关于方法的最后一点。图像学传统上一直是一门探究图像在其历史语境中意义的阐释性学科。最近，图像影响人类行为的力量受到强调。这些方法是必不可少的，然而我们需要用作为生命体（a living thing）的图像的一种甚至更古老的模式来对它们进行补充。正如亚里士多德（Aristotle）指出，也正如每一种古代文化所理解的，图像是对构成"第二自然"的生命的模仿。世界宗教的基本创世故事几乎总是提及图像创造的时刻和使那些图像复活的时刻。

作为明智而持怀疑态度的现代人，我们当然必须坚持认为一个活态图像（living image）的模式是"仅仅隐喻的"。它是一个比喻的概念，图像不是字面上或真正地活着的。它们被假定的生命正是人类想象的产物，正如当一个孩子把生命归于一个玩偶，或者一个所谓的野蛮人赋予一个物质对象以意图、欲望和能动性时一样。

所有这些表示怀疑的犹豫直到现在一直是真的。在过去半个世纪里发生了一场技术科学革命，以智能机器和工程生物体的形式给世界带来了新的生命形式。现在有可能模仿一种它本身活着的生命形式，即一种生物的活态图像，并且在字面上和实际上如此做。这就是克隆

---

① Friedrich Nietzsche, *Twilight of the Idols* (1888), from *The Portable Nietzsche*, ed. and trans. Walter Kaufmann (New York: Viking Penguin, 1954), 466.

所集中体现的文化偶像和图像学的范例对象。需要被问及的关于在我们时代里尤其反恐战争和克隆战争时期的图像的问题不仅仅是它们意味着什么和做什么。我们也必须问图像如何生活和移动，如何进化和变异，以及它们体现什么样的需要、欲望和要求，产生一个能激活我们时代特有的情感结构的情感场域。

目　录

第1章　战争结束了（如果你想要它） ………………………（1）
第2章　克隆恐怖 ……………………………………………（15）
第3章　克隆恐惧症 …………………………………………（23）
第4章　自身免疫：图绘恐怖 ………………………………（40）
第5章　不可言说之事物和不可想象之事物 ………………（49）
第6章　生物图像 ……………………………………………（62）
第7章　阿布格莱布监狱档案 ………………………………（103）
第8章　文献知识与图像生命 ………………………………（124）
第9章　美国国情或者耶稣来到阿布格莱布监狱 …………（132）
结　论　历史图像的诗学 …………………………………（153）
致　谢 ………………………………………………………（160）
注　释 ………………………………………………………（164）

第1章 战争结束了（如果你想要它）

> 故兵贵胜，不贵久。
> ——孙子（Sun-Tzu），《孙子兵法》（The Art of War）
>
> 存在论的问题——"敌人是什么？"——几乎不露面，当它的确露面时……它仅只被太快地表现为几乎转瞬即逝，于是证明敌人的消失、撤离。
> ——吉尔·阿尼德贾尔（Gil Anidjar），《犹太人、阿拉伯人：一段敌人的历史》（The Jew, the Arab: A History of the Enemy）

在相当长的一段时间里，我以为我永远写不完这本书。[1]这不仅因为这本书是一段当今图像的历史，而且根据定义，它将永远是现在的。问题本身会比这更为具体，并且与这个当前时刻的特殊性和支配21世纪第一个10年的独特偶像及隐喻有关。我的主题，即一场"全球反恐战争"（Global War on Terror）的主要图像及所有随之而来的图像和媒体，似乎本来就无穷无尽。就像乔治·卢卡斯（George Lucas）的克隆战争（Clone Wars），反恐战争似乎承诺无穷无尽地提供不露面容的战士，为了无休止的战斗他们被聚集在一起。反恐战争的概念给世界带来了一些全新的东西，也许最终会迫使我们面对敌人是什么——而不是敌人是"谁"——的问题。传统战争，即充满历史书的那些种类的战争，通常都有相当明确的对手，而且尽管战争可能会拖延数年，但通常能达成最终的解决。即使是从1336年持续到1453年的百年战争（Hundred Years' War），在其名义上的寿命期间也仅进行了17年。但是反恐战争不同。[2]从字面上来看，它就像是一场对抗焦虑的战争。它如何才能永远结束？怎么才能打赢它呢？甚至这个短语的名义作者乔治·W. 布什在2004年接受马特·劳尔（Matt Lauer）的电视采访时也承认，他认为反恐战争不可能"获胜"（虽然布什不断用在伊拉克的"胜利"图像来召唤，但事实上伊拉克起到的作用是给一个模糊的敌人一个当地的住所及名字，并给一场没有前线的战争提供一个"前线"）。[3]那么，若无那段永远继续下去的历史，一个人如何能写出根据定义不能取胜的一场战争的历史？

然后，历史发生了一个显著而不大可能的转折，划出了一条明确的分界线，标志着一个时期的结束和一个新时期的开始。在2008年秋季的一个月内，世界经济开始崩溃，巴拉克·奥巴马当选为美国总统。很少有一个历史时期以像21世纪第一个10年这样标志性的清晰度来宣布它的开始、结束和转折。反恐战争和布什总统任期这个时代的两端被世界历史危机和布什与奥巴马深深对立的形象所架构，这个时代也将被铭记为在许多新媒体（脸谱网、优兔网、推特网）中图像的加速生产和流通将"图像转向"（pictorial turn）引入公众意识的一个时代。

图像一直在政治、战争和有关历史形态的集体认知中扮演着关键角色，但在2001年至2008年这一时期出现的公众形象中有了某些新东西。这在部分上是一个数量问题。新媒体的发展，特别是数字成像和互联网传播的结合，意味着图像的数量已随其传播速度呈指数式增长。但这也是一个质量问题。图像总是具有某种传染性、病毒性，即使得它们难以被控制或隔离的活力。如果图像就像病毒或细菌一样，那么这是一个暴发期，即一场全球的图像瘟疫。就像任何传染病一样，这场瘟疫培养了许多以反图像形式存在的抗体。我们的时代不仅目睹了更多的图像，而且见证了一场图像战争，在这场战争中真实世界的风险不能更高了。这场战争代表可能之未来的完全不同的图像而进行；这场战争为反对图像而发动（因此，偶像破坏或图像破坏的行为对它一直是关键性的）；这场战争的进行是通过利用为打击和伤害敌人的图像、意在使人惊恐和使士气低落的图像、设计来无休止地复制自己并感染全球人口的集体想象的图像。

图像战争始于2001年9月11日对世界贸易中心的惊人破坏，而标志性反击是入侵伊拉克，包括电视上播出的对巴格达的"震惊与威慑"（shock and awe）① 轰炸、萨达姆·侯赛因（Saddam Hussein）纪念碑的摧毁，以及未被透露的平民伤亡和作为"附带损害"的对伊拉克宏伟博物馆的抢劫。相比之下，入侵阿富汗是这场图像战争中一个相对较小的战斗，因为正如国防部长唐纳德·拉姆斯菲尔德（Donald Rumsfeld）当时所指出的，无论是在军事上还是在象征意义上，阿富汗都不是一个"目标丰富的环境"。由于种种原因，在不明智地被命名为旨在消灭极端邪恶的"圣战"（crusade）或神圣战争中，奥萨马·本·拉登（Osama bin Laden）作为敌人的标志性人物似乎不尽如人意。事实证明，将注意力集中在萨达姆·侯赛因这个更可见、可定位的目标身上要更容易些。本·拉登藏身于巴基斯坦与阿富汗的一个无法管控的边境地区，他唯一存在的形象是偶尔出现在来历不明的录像带中的一个说话温和的牧师。任何对雕像、纪念碑、宫殿或政权的夷平都不能当作执行摧毁本·拉登的方式。相比之下，侯赛因则把自己描绘成一个典型的阿拉伯军阀，在他的拍照时机和纪念碑上挥舞着武器。他还有着作为美国对其主要敌人幻想的选定恶棍的悠久血统，他是希特勒（Hitler）和像斯大林（Stalin）这样的冷战对手在中东的继任者。[4]难怪有人故意努力将"9·11"惊人的创伤归咎于萨达姆·侯赛因，宣布伊拉克为反恐战争的"前线"，并塑造出一种敌人的复合图像，作为一个可以自由地混淆奥萨马与萨达姆反之亦然的"伊斯兰教—法西斯主义"的形象。

如果说伊拉克似乎为胜利的图标（"使命已完成"照片）和击败敌人（抓获萨达姆·侯赛因）提供了充足的机会，那么在现实的层面上，情况进展截然不同。叛乱和内战交织在一起，使所有制造想象性胜利的企图都落空了。2004年春天阿布格莱布监狱照片的发布为美国发出了一个深深对立的道德失败的信息。鉴于公众越来越意识到伊拉克没有大规模杀伤性武器，与基地组织没有关联，在"9·11"事件中也没有任何作用，盒子上戴头罩男子的标志性照片彻底颠覆了这场战

---

① "震惊与威慑"指震慑策略，即使用大规模军事力量进行快速打击以使敌军放弃抵抗的一种战术。——译者注

争最后一个仅存的托词,即它是一场旨在将伊拉克从暴政中解放出来的道德圣战。盒子上戴头罩男子的图像立即成为整个阿拉伯世界招募伊斯兰圣战士的海报,而国际反战运动利用它作为这场战争的无益与非法的象征。一个名为高速公路博客作者(FreewayBlogger.com)的艺术家集体企业用最明显强调的措辞表达了这幅图像的信息:"战争结束了"(参见图2)。

图2 高速公路博客作者:《战争结束了》(*The War is Over*)(2004年5月高速公路博客作者的装置),在洛杉矶10号州际公路西部高速公路上方立交桥上拍摄的横幅照片,描绘一名戴头罩的伊拉克囚犯遭到的虐待。照片由达米安·多瓦甘内斯(Damian Dovarganes)拍摄,承蒙美联社/环球图片(Wide World Photos)提供。

当然,战争当时(现在仍然)没有结束。这幅图像被用来代表一个愿望,而不是一个事实。正如约翰·列侬(John Lennon)的著名歌曲《战争结束了(如果你想要它)》[War Is Over (If You Want It)],它以一种条件语气而非陈述语气出现。[5] 就像在越南道德失败的标志性照片一样,一个正在逃离燃烧的村庄的赤身裸体的越南女孩的图像、戴头罩男子的照片及其所象征的酷刑和官方犯罪的整个档案过了几年时间才产生效应,而且其意义尚未穷尽。我们必须回想起潘金福(Kim Phuc)的照片出现于越南战争结束前将近三年。⁶ 在这场战争结束的标志性信号出现后,仍有数以万计的美国人和更多的越南人死亡。类似的延迟反应发生在戴头罩的男子身上,漫画家丹尼斯·德劳恩(Dennis Draughon)在他的作品《阿布格莱布南》(Abu Ghraib Nam)① 中以惊人的精确度表现了一种相似性,他把戴头罩的男子描绘成对应的越南女孩潘金福的一种邪恶阴影或者后图像(afterimage)(参见图3)。⁷

图 3　丹尼斯·德劳恩:《阿布格莱布南》(2004 年),2004 年丹尼斯·德劳恩版权所有,承蒙该艺术家和《斯克兰顿时报》(Scranton Times)提供。

从恐惧到恐慌

一场战争和本该于 2004 年随着布什政府的免职而结束的历史时期

---

① 漫画作品《阿布格莱布南》(Abu Ghraib Nam)名字中的"阿布格莱布南"是阿布格莱布(Abu Ghraib)与越南(Vietnam)的合成词。——译者注

又持续了四年，截至本书撰写时战争还没有真正结束。但2008年秋季无疑将被铭记为图像和与之相关的集体情感战争的决定性时期。

恐惧是一种倾向于自我表现为麻痹的情感形式，即"车灯前的小鹿"（deer in the headlights）① 综合征。因为恐怖主义敌人毫无预警就发动袭击，敌人是看不见和不可定位的，所以不清楚要采取什么行动。实际上，在"9·11"事件之后，布什政府向美国人民提出的主要建议是除了去购物和享受减税之外什么也不做，或者只是"保持警惕"，给予政府以反恐战争的名义违反法律的无限权力。其他人——一支人员不足的军队和一群所获报酬丰厚的独立承包商②——将处理反恐战争。相比之下，恐慌往往会产生即刻的、作用背道而驰的不集中的行动——到银行挤兑和对最初造成危机的那些机构和个人的设计不佳的紧急援助。如果没有用及时、镇静和明智的行动来阻止恐慌，它将导致抑郁/萧条（depression③），这是从这一单词所具有的情感意义和金融意义双重意义上而言。

当然，这个以恐怖开始和以恐慌结束的历史时期的标志性化身不是别人，正是乔治·W. 布什。奥巴马竞选活动的形象战略家们非常清楚这一点，并在2008年的选举中上演了一场形象之战，不是与约翰·麦凯恩（John McCain）而是与布什的一场竞争。他们一贯把麦凯恩描绘成"麦布什"（McBush），即一个非常不受欢迎的总统的克隆，到竞选结束时，麦凯恩自己也在与布什竞选。

那么值得更详细地去仔细考虑的是构架这个时代的两位总统的形象。在种族和政治立场层面上的对比是如此鲜明，以至于让很多人都认为2008年选举的形象战争没有什么更多可说的了，但是两人之间实际的形象对比并不能简化为诸如黑人与白人、自由主义与保守主义这

---

① 黑夜里一头小鹿在路边看见一辆开着前大灯的汽车驶来时会惊慌失措地呆在原地一动不动。"车灯前的小鹿"喻指一种焦虑、害怕、紧张的心情。——译者注

② 文中所指的美国独立承包商指美国政府雇佣的为其提供军事领域专业技能、军事性质服务与后勤保障的军事承包商。在军事行动中，承包商的伤亡不计入美军伤亡甚至不公开，因此美国政府雇佣承包商执行军事任务能够缓解舆论压力，并减少军人抚恤支出。——译者注

③ 英文单词"depression"在此为双关语，既可指情感意义上的抑郁，又可指金融意义上的萧条。——译者注

样的两极性。从更精确的人物塑造上来说，布什的形象从早期开始就被清晰地定义了，并且变化很少，而奥巴马的形象则是歧义和不确定性的范例。布什一贯把自己描绘成牛仔总统，即美国得克萨斯州白人男子气概、基督教信仰和一种简单而不可动摇地将世界分为善与恶的道德准则的化身。他也被描绘为"首席执行官总统"，即一个有责任感和决断力的务实代表团的形象，他会像管理一家经营良好的公司一样管理国家。

相比之下，奥巴马的形象则更难以具体说明，他的形象既清晰又模糊。奥巴马"偶像"是一个模糊和自觉的形象，即一个跨越了界定布什时代黑与白道德对立边界的多元文化和跨种族混杂的形象。奥巴马太黑或不够黑，一个有穆斯林名字的基督徒，一个有非洲生父、印度尼西亚继父的美国人，他打乱了允许一个形象易于标记的所有代码。当然，他的对手们的策略正是要强调这种歧义，对他的真实身份、资历甚至出身提出疑问，并通过将他与肤浅的流行文化偶像进行对比来利用他的名声反对他。与此同时，奥巴马面对的是一个被明确界定为拉什莫尔山（Mount Rushmore）①这样的对手，他有着坚决和果断的面孔，自称是"特立独行的人"，是在任何事情上都永远不会妥协的"有原则的人"，这与奥巴马的和解性中间路线相反。鉴于麦凯恩的经验与奥巴马几乎完全缺少同样经验的进一步对比，奥巴马赢得选举真是令人吃惊。奥巴马从未担任过行政职务，也绝对没有资历做一个"决策者"。他的形成性政治经验是作为一个社区组织者，这是（据我所知）此前从未产生过总统的一个工作分支。[8]

简单地从形象层面上来考虑，奥巴马赢得大选有点像是一个奇迹。实际上，他经常在总统竞选活动期间开玩笑说他不大可能获得候选人资格，还自嘲形象，包括他的大耳朵、瘦削的身体和滑稽的名字。他

---

① 拉什莫尔山（Mount Rushmore）又称为美国总统山、总统雕像山，位于美国南达科他州基斯通小镇附近的美利坚合众国总统纪念公园（the United States Presidential Memorial Park）。该公园内有美国历史上4位著名总统的4座雕塑头像，高达60英尺（约为18米），这4位总统分别是华盛顿、杰斐逊、罗斯福和林肯，他们被认为代表了美国建国之后150年的历史。拉什莫尔山不仅成为一个世界级的旅游胜地，而且成为美国文化中美国总统的象征。——译者注

确实赢得决定性胜利的事实既是因为他给人的印象是非布什、反布什、对布什形象的一种独特矫正方法这一事实，同样也是因为他自己形象中特有的积极特征。作为一块白板，他既能吸引积极的投射，也能吸引消极的投射；既能吸引改变的希望，也能吸引由对布什时代特有的虚伪、无能和犯罪的整个可悲全景的厌恶所驱动的改变的需要。

　　但要判断奥巴马获胜的真正不可能性，我们需要在政治上越过种族歧义的视觉图像，看向那个本应是死亡之吻的名字的声音图像。在富有诗意的声音图像层面，他的名字是反恐战争中敌军两个人物的虚拟复合——"侯赛因·奥巴马"。① 对于那些"用耳朵思考"的人而言，正如西奥多·阿多诺（Theodor Adorno）曾经所说，从最字面的意义上来说，奥巴马的当选是无异于革命性的。这就好像美国人民已决定选举他们在整个反恐战争中一直与之斗争的敌对人物作为他们的主权代表。即使这看似是一个奇怪的想法，但它就是如此，而它也是2008年大选期间共和党的政治策略中的中心运作幻想，他们不知疲倦地试图把奥巴马变成一个穆斯林，强调他的中间名，并把他描绘成"与恐怖分子结交"。自从大选以来这种策略已经转向冷战意象，现在奥巴马通常被描绘成一个社会主义者或共产主义者。

　　至少还有其他两个因素使奥巴马的当选成为可能。首先，他那颇具吸引力的复杂且模糊的视觉图像伴以现代政治中最娴熟的听觉风格，完美微妙地混合的一方面是黑人教堂里训练出来的高超演讲术，另一方面是对历史和政策的平静、教授派头的理解，所有这些都是由一种镇静、冷静的自信感激发起来。在密尔沃基（Milwaukee）的一次集会上，他讲了关于一位共和党选民亦即一位新的"奥巴马拥护者"的一个故事，这位选民走近他并私下向他吐露心声，悄悄地说她越过党派界线投了他的票。奥巴马感谢她的投票，但随后问她："我们为什么要窃窃私语呢？"在一大群人面前以有意让别人听到的高声私语说出的这

---

① 美国第44任总统巴拉克·奥巴马的全名是小巴拉克·侯赛因·奥巴马（Barack Hussein Obama II），他的父亲老巴拉克·侯赛因·奥巴马（Barack Hussein Obama I）是一位祖籍非洲肯尼亚的黑人穆斯林，母亲是美国堪萨斯州的白人。他名字中的"Barack"和"Hussein"均源自阿拉伯语。此处的"反恐战争中敌军两个人物"暗指萨达姆·侯赛因和奥萨马·本·拉登。——译者注

句话,完美地表现了伴随由奥巴马的视觉图像所理解的光谱的听觉范围。作为一个文化偶像,他成功地做到了既庄重又亲切,既充满激情又冷静理性,甚至具有讽刺意味。在整个选举周期中,他也享受到了一连串的政治运气,但当他在提名和选举期间为大规模户外集会安排绝对完美的天气时,这种运气可能会变得有点吓人。上帝似乎站在他这一边,难怪在对他形象的讽刺漫画中,他被描绘成在水上行走的耶稣基督。如果说阿布格莱布监狱戴头罩的男子让人想起基督教图像志中黑暗、暴力的一面(酷刑和嘲弄),那么奥巴马似乎天生就有语言天赋,他跨越阶级、州界等界限,向欢迎他到来的全球民众宣扬和平与和解。

第二个因素是奥巴马对新媒体的掌握,这些媒体建立了当代政治斗争必须展开的战场。奥巴马不仅是第一位黑人总统,而且是第一位有线总统。如果杰克·肯尼迪(Jack Kennedy)① 是第一位理解电视力量的总统,那么奥巴马则是第一位理解互联网所带来的社交网络新形式[9]的总统,也是第一位实际上发起了一场根植于一系列社会运动之中的政治运动的总统。[10]从网络筹款到组织政党会议,再到支持者自发制作的媒体图像,甚至一些不太受欢迎的支持者,比如"奥巴马女孩",奥巴马使电子邮件和优兔网成为政治斗争的中心竞技场。他竞选活动的主要形象图标,即那幅引人注目的谢泼德·费尔雷(Shepard Fairey)海报,不是由他的竞选团队制作的,而是由一位独立艺术家自己创作的,这是他在民主的、草根的政治场所开创的转变的征兆。

这一历史时期和本书的主题即图像战争可以最好地体现于作为这一历史时期终结的谢泼德·费尔雷海报,以及作为其开端的出现在《国家》(*The Nation*)杂志封面上的乔治·W. 布什的漫画(参见图4和图5)。

---

① 杰克·肯尼迪(Jack Kennedy)(1917年5月29日—1963年11月22日)的全名是约翰·菲茨杰尔德·肯尼迪(John Fitzgerald Kennedy),也被称作约翰·F. 肯尼迪(John F. Kennedy)、JFK,出生于美国马萨诸塞州布鲁克莱恩,爱尔兰裔美国政治家、军人,美国第35任总统 。——译者注

图 4　谢泼德·费尔雷：丝网海报《希望》（*Hope*）（2008 年），描绘巴拉克·奥巴马。

图 5　斯科特·斯托弗（Scott Stouffer）：《担忧》（*Worry*）（2000 年），在《国家》杂志的封面上乔治·W. 布什被描绘为《疯狂》杂志上的阿尔弗雷德·E. 纽曼（2000 年 11 月 13 日），经《国家》杂志网站（www.thenation.com）许可转载。

《国家》杂志的艺术家将布什的特征与《疯狂》（*Mad*）杂志上的图标性人物头像阿尔弗雷德·E. 纽曼（Alfred E. Newman）① 融合在一起，纽曼是那个一百多年以来代表幼稚美国人之无能的铭文为"什么，我担忧？"（What, Me Worry?）的傻瓜人像，还给乔治·W. 布什的漫画添加了一个简单的但具有预言性的铭文："Worry"（担忧）。而担忧、恐惧、焦虑和（最重要的）伴随着恐慌的恐怖最终被证明是布什时代情绪的标语。如果说把奥巴马非常积极正面的形象与布什的负

---

①　阿尔弗雷德·E. 纽曼是美国幽默杂志《疯狂》虚构的一个人物，常被描绘为不在意任何事情，他的标志性口头禅是"What, Me Worry?"。这个鼻翼长满雀斑、缺颗门牙、外表愚蠢、盲目乐观的美国男孩形象在每 4 年美国总统选举时都会出现在该杂志的封面上，常被用于讽刺政治竞选活动中的候选人。在美国文化中这个漫画人物被认为象征着年轻人的自由精神和对政治及社会的讽刺。——译者注

面漫画形象进行对比似乎有点不公平的话，那么人们只需看看右翼的博客。这些博客立即就制作出与费尔雷所塑造的奥巴马图像迥异的图像（detournement），他们将奥巴马的图像与列宁（Lenin）的图像联系起来，采用同样的手法，过度曝光的调色板加上一个单词铭文"Hope"（希望）给奥巴马；加上铭文"1917 年"即俄国革命的第一年给列宁。对奥巴马是社会主义者甚至是共产主义者的指责在图像上的呈现几乎不可能更清楚了。

让我们把布什的图像和奥巴马的图像看成我们所考察的历史时期的外部框架和面孔，这就是为什么我把这一时期的终端框架命名为"当今"。奥巴马的总统任期开启了一个未来，而他本人就是一个积极、充满希望的未来愿景的标志，在写这篇文章时，这一愿景只是作为一个充满潜力和不确定性的当今而存在。然而，我的主题是最近的过去，以及被所谓的反恐战争的意象所主导的从 2001 年到现在这段时期。我们将更多地看到布什，尤其是当他试图建立和掌控自己偏好的"战争总统"、美国人民的保护者和在反恐战争中不知疲倦的圣战士的自我形象的那些时刻，反恐战争是他总统任期的核心理念。[11]我们将回顾引发和打断这场战争的图像，从诸如塔利班摧毁巴米扬大佛这样一些预兆性的时刻，到世界贸易中心，到伊拉克的萨达姆·侯赛因纪念碑的摧毁，再到阿布格莱布监狱的照片。

奥巴马已敦促我们把这一切抛诸脑后，展望未来。但是真正的问题是这个时代是否已经过去，反恐战争是否真的结束，或者仅仅是"悄然无声"地离去，等待着随时被新一轮对美国的攻击重新唤起，而这将不可避免地归咎于奥巴马政府。这就是为什么我把这本书所描述的这个时期看成是开放式的，就像一个似乎正在逐渐消失的图像库的故事，但它却能够以一种复仇的方式回归。与反恐战争前的冷战一样，很难说一个时期何时真正结束，其冲突何时安全地局限于过去。[12]正是这种不确定性要求任何对过去尤其最近的过去的历史研究都必须与它自己的当今相结合。现在，一些大胆的美国政客或许可以放心地说出真相：这场全球反恐战争从一开始就是一个不合理的幻想，即一个失控的隐喻。然而，这个短语仍然是谈论对付恐怖主义的全球战略的默认方式。只要美国的外交政策继续以战争和对外国的占领为中心，这个概念就继续构成所有战略思维的框架。一旦一个强有力的隐喻已在一个民族的想象中生根,那么再想用批判性思维或措辞上的改变将其推翻就并非易事。

一种更为强调这一点的方法指出,反恐战争时期也是美国历史上一个具有深刻革命意义的时刻,标志着美国总统在无限期紧急状态的掩护下僭取绝对权力并逐渐减少在后水门事件时代建立起来的对总统权力的许多限制的一个时期。这是一个极其危险的时期,不仅对国际法治而且对美国宪法本身构成了威胁,法律受到悍然公开的藐视。如果说巴拉克·奥巴马的当选是一场革命,那么这是一场以该宪法的创始革命理想为名义的反革命(也许是一场短暂的反革命),是一场推翻了在2000年总统选举中已在司法政变中掌权的主权权威的反革命,并通过恐吓它自己的公民来维持它的权力。[13]

也有人反对说,把恐怖主义作为一场"图像战争"和隐喻的整个理念忽视了"恐怖主义轰炸是真正的暴力"这一事实。[14]当然,我知道这些是产生了非常真实的创伤和痛苦的真实事件。但这并不反对认识恐怖主义在多大程度上涉及惊人的象征性行为,即创造使旁观者受到创伤的形象。根据定义,恐怖主义的确不是入侵、征服和占领的常规军事行动。与公开战争相比,正是暴力的使用相对较小,而且是局部化的,通常针对非参战者,目的是通过发出"没有人是安全的"和残酷无情的敌人可能无处不在的信息而使社会陷入混乱。换言之,恐怖主义是一种心理战的形式,目的不是攻击军事对手,而是攻击象征性目标(包括"无辜的受害者"就更好)。它是对被设计以滋生焦虑、怀疑和(最重要的)自我毁灭行为的社会想象的一种攻击。

对世界贸易中心的破坏是一个象征性事件,即蓄意破坏一个标志性物体,它被设计为制造旨在给整个社会造成创伤的一个惊人图像。这绝不是否认所发生的事实或恐怖;相反,这是一种对所发生之事有更丰富理解的方式,包括什么导致了它和它产生的反应。图像学的方法必须把想象的事物与真实的事物之间的关系看作是一种"既/又"和一种"或/或"的关系,既不能解决两个范畴的瓦解,也不能解决它们之间的严格分离。我们必须注意想象力在真实事物面前激增的方式,对其进行预料和预测,或注意真实事物的创伤产生一系列象征性和想象性的症状、屏蔽记忆（screen memories）①、重复行为和奇怪的宣泄形式时的那些滞后时刻。毫无疑问，恐怖主义威胁的图像和反恐战争的图像已经在好几代美国公众中产生了一些最具自我毁灭性的症状。它过去曾经威胁到，也许现在仍然威胁着美国宪法的基本原则。对于反恐战争和布什总统而言，唯一可说的益处是它可能已经决定性地结束了美国帝国冒险主义的时代。在可能可以避免的"9·11"灾难与不那么容易避免的 2008 年大衰退（the Great Recession）灾难之间，布什对美国政治和经济体系的结构实施了决定性打击。在这样做的过程中，他提供了一个富于想象力的框架，使巴拉克·侯赛因·奥巴马的革命性选举和反恐战争的结束成为可能。

正如我所提出的，反恐战争不是统治后"9·11"时代的唯一想象结构。如果有人问 2001 年 8 月 6 日布什在想什么，当时他竟然忽略了标题为《本·拉登决心在美国发动突击》的情报简报，那么答案并不遥远。正如弗兰克·里奇（Frank Rich）指出的：

> 他正在准备他的第一次黄金时段全国演讲。演讲的主题——布什大肆宣传为"我们这个时代意义最深远的主题之一"——是干细胞。对于一个受制于兴盛的宗教权利的总统（以及一个不能同时做多项工作的总统）来说，没有什么，包括恐怖主义，能比这更紧急了。[15]

"9·11"事件很快将克隆从头版新闻中抹去，但在整个接下来的七年里克隆仍然是一种低调的存在，被布什政府周期性地利用为争议问题，以动员右翼势力围绕性、生殖和对科学的敌意这些问题做出反应。像恐怖一样，克隆变成宗教权利的一个标志性隐喻，凝结了对从同性恋到堕胎再到生物科学本身一切的恐惧。除了通常那些歇斯底里地宣称微小的细胞群享有美国公民的所有地位，以及宣称将这样的细

---

① 屏蔽记忆是心理学精神分析理论术语，它指个体通过回忆童年时发生的与某种重大的或伤害性事件有一定联系的平凡小事，不自觉地屏隔或阻碍对重大的或伤害性事件的回忆，借此防御痛苦体验的再现。——译者注

胞群用于治疗目的等同于堕胎和纳粹优生学之外,正如里奇接着指出的,奥巴马政府较为悄无声息地推翻了布什的干细胞政策。

因此,就像恐怖主义一样,克隆在很大程度上是一种想象的事情,引发了工业化的器官农场的幻想,以及没有头脑、没有灵魂、将在未来的战争中充当炮灰的"克隆人军队"(clone armies)的幻想。自20世纪90年代初以来,已经有超过100部关于克隆的电影,其中大部分属于科幻恐怖片类型。正如我马上将要展示的,恐怖主义和克隆这些问题已经汇集于从超市小报到总统生物伦理学委员会报告的一切之中。

但是克隆问题还有一个更大的方面,它对于图像问题和图像学研究项目至关重要。克隆不仅仅是一个具体的生物过程;克隆自身就是一种图像制作的形式,即生物体活态复制品的生产。克隆既是一种自然过程,又是一种人工技术;既是一种字面的、物质的事件,又是一种比喻的概念;既是科学的事实,又是一种虚构的建构。在20世纪后期,克隆的隐喻即生产一个生物的活态复制品的想法,取代了现代主义的"机械复制"(mechanical reproduction)概念。装配线的老模式和机械复制的图像(从范式上说即照片)被(我称之为)"生物控制复制"(biocybernetic reproduction)时代的这一个新时代所取代,"生物控制复制"是生物技术和信息科学的综合。[16]就像机械机器人或自动机是现代性的傀儡一样,克隆体是生物控制论(biocybernetics)的标志性象征。

克隆战争和反恐战争已在我们的时代结合在一起,产生了我们时代的复合主图像,即架构布什时代的主导想象的元图像。二者都是已变得字面化了的隐喻,也是变成现实的图像。生物技术把制造生物的活态复制品的梦想变成了科学现实,反恐战争也从一个"纯粹的隐喻"变成了一个过于强大的和物质的现实。它们共同产生了我称之为"克隆恐怖"的综合征,通过克隆恐怖的过程,反恐战争产生的效果包括增加了恐怖分子的数量,以及将恐怖作为无形且无处不在的威胁的图像进行传播。下面章节的任务就是揭示这个复合图像的工作原理,并将其从一种病理症状转换为诊断、分析的工具。让我们通过回到2001年它们交汇的时刻而开始。

第 2 章 克隆恐怖

克隆代表人类历史上的一个转折点——是对有性繁殖与无性繁殖重要分界线的跨越和迈向对下一代进行基因控制的第一步。

——莱昂·卡斯（Leon Kass），总统生物伦理学委员会主席，2002 年

因此，在伊斯兰教中只有一个原则，一个不是单一而是双重的原则："宗教与恐怖"（La religion et la terreur），黑格尔用法语说道。

——吉尔·阿尼德贾尔，《犹太人、阿拉伯人：一段敌人的历史》

我们很容易忘记，在 2001 年 9 月 11 日恐怖袭击之前的几个月里，美国媒体里的主要故事不是恐怖主义，而是克隆。[1] 2001 年 9 月 11 日《纽约时报》的头版故事事实上是美国国家科学院的一份报告，该报告强烈要求克隆和人类干细胞研究应"由公众资助，并按照公开科学交流、同行评议和公众监督的既定标准开展"。这份报告支持的国家政策与 2001 年 8 月 9 日布什在一次重要讲话中概述的政策大相径庭，布什在讲话中概述的政策禁止从人体胚胎中开发任何新的干细胞系，并暗示对包括生殖性克隆和治疗性克隆在内的所有克隆形式的深深敌意。在整个 2001 年布什之所以忽视了恐怖分子随时准备袭击美国的众多警告，是因为他关注的是干细胞问题——"我们这个时代意义最深远的主题之一"。[2] 关于克隆人类（human cloning）的争论是当时首要的"持续性故事"。因为布什亲手挑选的总统生物伦理学委员会推荐的政策虽然得到了基督教保守派的支持，但是遭到了科学界和医学界大多数人的反对，所以布什的支持率低于 50%。

9月11日改变了这一切。在公众意识中，对克隆的恐惧被更直接的恐怖经历所取代，或许"取代"这个词太强势了。克隆曾因更紧急的、似乎不那么具有推测性的危险而一度被赶出头版，但它仍是一个关键的争议问题。例如，克隆问题在2004年7月的民主党代表大会上重新出现。前总统的儿子小罗纳德·里根（Ronald Reagan, Jr.）发表了一次雄辩的演讲，为治疗性（非生殖性）克隆和干细胞研究辩护。约翰·克里（John Kerry）的总统候选人提名演讲包括承诺要成为一位"相信科学"的总统，这与乔治·W. 布什的由基督教基要派议程推动的"以信仰为基础"的科学政策形成了隐式对比。

与此同时，克隆图像与恐怖主义图像开始在大众的幻想中融合。据传，奥萨马·本·拉登正在克隆希特勒，使之成为他的核心集团的顾问。有报道称，在托拉博拉（Tora Bora）山区有500名雅利安纳粹党卫军精锐突击队员正在被克隆，他们的金发碧眼加上完美的美国口音，使得他们成为基地组织的理想间谍。在《星球大战》（Star Wars）传奇之《克隆战争》这一章中，更大规模的一群被克隆的突击队员视死如归。在谷歌上搜索"克隆人"和"恐怖分子"图像时，总会发掘出一大批不露面容、匿名、同类的战士。在广告中，最畅销的iPhone的克隆体被描绘为迎面而来的一波又一波蒙面突击队员所携带的盾牌。

克隆与恐怖主义在大众文化中最明显的融合是亚伦·麦克格鲁德（Aaron McGruder）有关约翰·克里在总统竞选时支持干细胞研究和治疗性克隆的漫画系列（参见图6）。麦克格鲁德想象就在2004年大选前的一个"十月惊喜"，在其中奥萨马·本·拉登出现在电视上，并呼吁所有伊斯兰圣战士参与干细胞研究。本·拉登的理论是，通过鼓励美国人克隆他们自己，他们将更快地衰老（克隆生物体的共同命运），导致美国军队由生病的老年人组成。之后，福克斯新闻的一位评论员从这个故事中吸取寓意：被人看到在做干细胞研究的任何科学家都应被视为非法的敌方参战者，而约翰·克里显然在无意中成了奥萨马·本·拉登的工具。

但是，在总统生物伦理学委员会的哲学商议中可以找到类似的（和更重要的）克隆与恐怖主义的融合点。该委员会主席莱昂·卡斯将克隆描述为一个激起"本能反感"的过程，在一个复杂的道德和科学

图6　亚伦·麦克格鲁德：《乡下人》（*The Boondocks*）（2004年8月），2007年亚伦·麦克格鲁德版权所有。经环球报刊集团（Universal Press Syndicate）同意转载，版权所有。

问题上几乎没有留下伦理推理的空间。卡斯把克隆比作兽交行为、同类相食、乱伦和强奸，最后他敦促我们在美丽新世界的人们（the Brave New Worlders）①（克隆体）与奥萨马·本·拉登们（恐怖分子）之间走一条"中间路线"。³ 克隆与恐怖主义交汇为极端主义的形式，并

---

①　出版于1932年的英文长篇小说 *Brave New World*（中文译名《美丽新世界》）是英国作家阿道司·赫胥黎（Aldous Huxley）（1894—1962）的代表作，它与乔治·奥威尔的小说《1984》、叶甫盖尼·扎米亚京的小说《我们》并称为世界文坛最著名的"反乌托邦三部曲"，在全世界范围内影响深远。该小说刻画了在机械文明下的未来社会中，人性被机械剥夺殆尽，处于"幸福"状态的人们安然接受种种安于现状的教育，热爱机械化的工作与生活方式。——译者注

被合并为极端邪恶的形式,前者充斥着性禁忌和生殖禁忌,后者充斥着恶魔甚至撒旦的色彩。

就像恐怖主义一样,克隆是一个标志性概念,充满了意识形态的和神话般的内涵。它不仅是一个抽象的或技术的概念,而且使人联想到堕胎、试管婴儿、无性或无性别差异的繁殖、纳粹优生学,以及器官和器官捐献者的商品化。因此,克隆有能力在整个政治范围中引起深切反感,通过创造和毁灭生命,既激起世俗对"非自然"过程的焦虑,又激起对"扮演上帝"的宗教禁忌。克隆体的形象已经与变种人、复制人、半机械人和大量没有头脑、没有灵魂、准备在自杀任务中牺牲自己的完全同样的战士的形象变成同义词。所谓的"克隆恐惧症"包括一系列的担忧,从对出奇的相似人物(the uncanny double)① 和邪恶的双生子(the evil twin)的恐惧,到对个人身份丧失的更为普遍化的恐惧。

如果所谓的反恐战争是布什时代外交政策的主导旋律,那么所谓的"克隆战争"则为国内政策提供了底线基础。反恐战争将以信仰为基础的社群与受到"9·11"袭击创伤的数量更大的大多数民众团结在一起。与此同时,干细胞问题加强了以信仰为基础的社群对科学尤其涉及生命和繁殖的科学的敌意,并使这种敌意与左翼对科技使生命形式商品化的怀疑结合在一起。布什的首席政治顾问卡尔·罗夫(Karl Rove)使克隆成为布什总统任期第一年的标志性议题。[4] 然而,从政治角度来看,从克隆到恐怖的转变是布什政府所能希望得到的最大的好运。布什政府并没有就生物伦理学进行一场非决定性的斗争,而是在一场反恐圣战中得胜。尽管克隆是有争议的,是一个需要进行严肃伦理反思的问题,但是几乎没有人愿意站在恐怖主义一边。[5]

克隆与恐怖主义这两个标志性概念不仅被历史的巧合联系在一起,而且被"9·11"之后开始明显表现出来的深刻文化逻辑连接在一起,

---

① 英语单词"canny"与"uncanny"源自德语单词"heimlich"(homely)与"unheimlich"(unhomely),二者既对立又统一,它们因1919年弗洛伊德发表的论文"The Uncanny"而成为当代西方文学和文化理论的重要批评术语,意指心理因处于熟悉的与不熟悉的或家常的与非家常的一种不确定的、界限模糊的困惑状态而产生的恐惧。——译者注

这种逻辑有比布什总统任期时代更深的根源。它们是被米歇尔·福柯（Michel Foucault）总结为"生物政治的诞生"（the birth of biopolitics）的一种综合文化形成的症状，也是可以追溯到我称之为"生控复制时代"（the age of biocybernetic reproduction）的冷战时代的这一个时期的症状。生物控制论是瓦尔特·本雅明（Walter Benjamin）将现代（20世纪30年代）描述为的"机械复制时代"的历史继任者，机械复制时代是由两个发明所定义的时期：一方面是流水线工业生产，另一方面是摄影和电影技术中图像的机械复制。在生物控制论时代，流水线开始生产的不是机器，而是生物有机体和生物工程材料；与此同时，图像生产从传统摄影和电影的化学—机械技术向视频和数码相机的电子图像转变。图灵机和DNA分子的双螺旋模型可能被视为生物控制论双重革命的象征——对生命秘密的解码和用机器即计算机语言对信息、行动和通信的编码。

尽管相对清楚的是克隆体为何充当着生物控制论即信息科学和生物科学双重革命亦即计算机和皮氏培养皿双重革命的一个傀儡，但是可能并不明显的是国际恐怖主义如何符合生物控制模式。至少从法国大革命开始，可能在那之前，恐怖主义已是战争、叛乱和控制大众情绪的一种已然确立的策略。但是，当代恐怖主义一直在一个生物信息模式的框架中被描述为可与传染病相比拟的一种社会现象。这在部分上是因为新媒体和互联网使得恐怖主义暴力的图像被传播得更迅速和更广泛，就像一场图像瘟疫已被引发。恐怖主义如此惯常地被类比为像休眠细胞、病毒、癌症和自身免疫系统紊乱这样的东西，以至于人们很想说，在形象和想象的层面上所有恐怖主义都是生物恐怖主义，甚至当恐怖主义使用诸如爆炸物这类传统暴力形式之时。（在此人们应该回想起，"9·11"之后不久发生的炭疽热袭击立即被认为是阿拉伯恐怖主义行为；而炭疽热袭击更有可能是本土制造的。）恐怖主义的关键所在不是使用的武器（美工刀是"9·11"劫机者需要的唯一东西），而是构成其基础的心理—生物学假设。非国家恐怖主义是一种被设计用来在民众中滋生焦虑和恐惧的心理战战术；它不是像入侵、围攻或占领这类直接的军事交战，而通常是针对象征性目标上演相对有限的暴力行为，企图使民众的士气低落，激起民族国家的警察和军事机构的反应（一般而言是过度反应）。正如罗伯特·佩普（Robert Pape）表明的，它的目的不是征服，而是影响已建立政权中的政治变革——从解除占领到煽动内战或革命。[6]无论恐怖战役是否由国家发起，其中的关键因素是"震惊与威慑"和杀害无辜的非参战者，而不是直接的军事交战。如果所有的战争都使用图像和图像破坏作为对民众集体想象的攻击，那么恐怖主义是一种主要在想象层面运作的战术。对世界贸易中心的袭击没有军事上的意义，但是制造了旨在使一个国家受到创伤的一个奇观。

从这种角度来看，"反恐战争"的概念被揭示为一种高度可疑的幻想，即一种不对称的战争形式，将敌人视为一种情感或一种战术（就好像一个人可以"对侧翼机动发动战争"）。事实上，反恐战争这一概念源自于早先明确的比喻表达，把战争看作仅仅是对类似"最大努力"这类意思的隐喻。正如语言学家杰弗里·纳恩伯格（Geoffrey Nunberg）所指出的，这个短语可能最早使用于19世纪晚期的"抗击结核病战争"（war on tuberculosis）中，如今它已被更广泛地用作"抗击疾病战争"（war on disease）。[7]（这里应该注意的是恐怖主义经常被比作一种独立于战争隐喻之外的疾病这一事实。）林登·约翰逊（Lyndon Johnson）的"反贫困战争"（war on poverty）和理查德·尼克松（Richard Nixon）的"反毒品战争"（war on drugs）（顺便说一句，另一场已被证明是无休止的且无法赢的战争）更新了这个隐喻。一方面，所有这些引号里的"战争"都被恰当地理解为为了解决公共卫生中的系统性问题的严肃努力。[8]林登·约翰逊没有设想过以轰炸贫困社区作为发动反贫困战争的方式。[另一方面，反毒品战争正沿着滑坡效应（slippery slope）走向作为军事行动的字面化。]

当然，多得不可胜数的评论家坚持认为反恐战争不是隐喻，在某种意义上来说他们是对的。它是一个已经被字面化了的隐喻，一个已经变得太真实的想象的、奇异的概念。这是后"9·11"时代历史新奇性的关键。这并不是说恐怖主义是什么新鲜事，根本的创新是反恐怖和恐怖主义战争。在动物与人类生殖性克隆的历史新奇性方面，有着一个显著的相似点。至少自从亚里士多德以来，创造一个生物体的活态复制品即一个"对生命的模仿"的想法，一直是艺术、美学和图像技术的一个目标。但是克隆体是这个目标的一种字面化，是对先前所想象之事的一种实现。现代生物技术的进步使得先前"仅仅是一个隐喻"的东西变成了一种字面上的、技术上的可能性。

然而，一旦克隆被确立为一种技术的和物质的现实，它就已被重新隐喻化为代表各种复制、模仿和繁殖过程的一种修辞手法——换句话说，已被重新隐喻化为一种"图像制作图像"（image of image-making），或者我已在别处称为的一种"元图像"。[9]在图像处理软件 Adobe Photoshop 中复制图像一些部分的工具可以用一个橡皮图章的小图标表示，但这个工具被称为"克隆图章"工具。克隆体和克隆行为已成为远远超出其字面上所指的生物过程的文化偶像。但是，正是克隆技术的新现实和字面性支撑了其隐喻性使用的激增。难怪"克隆恐怖"这个短语会自然而然地脱口而出，作为描述反恐战争已产生影响方式的一种方法，反恐战争的影响不是消灭或减少恐怖主义的威胁，而是恰恰相反。当然，许多恐怖分子已经被击毙，但是为什么似乎每一次恐怖分子被杀的消息公布，很快紧接着又有更多无辜者不得不和他们一起被杀害的描述？为什么关于无人机攻击"错误"的故事与成功的定向暗杀一样多？常规战争（轰炸、入侵、占领）是被称为恐怖主义这种疾病的正确治疗方法吗？或是正是这些治疗方法中的某一种具有使这种疾病恶化的影响？为什么反恐战争中的每次战术胜利（例如伊拉克费卢杰城的摧毁）似乎都促成了民主化和"赢得人心"总体目标的战略失败？一场似乎使敌人更强大、更有决心、人数更多的战争的反常逻辑让人联想起一场美国战争早先的反常，在这场美国战争中美国军队可以谈论为了"拯救"村庄而"毁坏"它们。[10]

如果布什政府管理的是反克隆和反恐怖战争的时代，那么奥巴马政府的到来已被那些与这两个"战线"有或多或少明显分歧的决定不时打断了。奥巴马基本上"没有宣布"反克隆和反恐怖主义战争。2009 年 3 月 9 日，他公开宣布撤销他的前任关于联邦政府资助干细胞研究的禁令，这令反堕胎运动惊惶失措。到 2009 年 4 月 5 日，新闻机构开始注意到一个不言而喻的相似之处，那就是围绕反恐战争的明显沉默。正如希拉里·克林顿（Hillary Clinton）在被问及反恐战争这个短语的消失时所指出的："我没有听到它被使用。我还没有得到任何关于使用它或不使用它的指示。它只是没有在被使用。"[11]重要的是，总统或他的任何一名助手都没有公开宣布过反恐战争的结束。这个问题被巧妙地处理，毫无疑问是为了避免共和党人不可避免地指责其"对恐怖主义软弱无力。"也许甚至更切题的是：反恐战争不能被宣告结束，因为它还没有结束，而且永远也不可能结束。取代了反恐战争的委婉说法"海外应急行动"（Overseas Contingency Operations，OCO）是一种官僚主义的模糊化。我们可能会发现，在未来的某个时刻有必要为了包装中的真相而回顾反恐战争的形象。未来几年美国很可能会在伊拉克和阿富汗有驻军，而且将来美国总有受到袭击的可能，这将会完全重新开启并可能重新字面化和复兴反恐战争的隐喻。反恐战争是一个危险的煽动性短语，其诗意尚未被穷尽，恐怖、可怕的克隆体即W. B. 叶芝（W. B. Yeats）发现的那个"无精打采地走向伯利恒"（slouching toward Bethlehem）的"粗暴的野兽"（rough beast）①的形象也尚未被完全驱除。克隆体和恐怖分子很可能将与我们一起进入无限期的未来，这就是为何只要本书是一部历史，它就是一部一直延伸到现在的历史。事实上，本书是当今的一种图像学，是使在"9·11"开启并在我们的时代继续展开的这个时代的主要言语图像和视觉图像发声的一种尝试。

---

① 英语短语"rough beast / slouching toward Bethlehem"改编自诗人叶芝的诗歌"The Second Coming"（《第二次降临》）中的诗句："And what rough beast, its hour come round at last, Slouches towards Bethlehem to be born?"。伯利恒是耶稣的出生地。根据《新约马太福音》第二十四章记载，耶稣预言他将再度降临人间，主持末日审判。但是，在叶芝的这首诗中，在伯利恒再度降临的不是基督，而是一个粗暴的野兽（rough beast），这预示将要发生一些事情，随后将开始一种新的文明，这也表现了叶芝的历史观。——译者注

第3章 克隆恐惧症

> 没有任何激情能像恐惧那样如此有效地剥夺大脑的所有行动能力和推理能力。
> ——埃德蒙·伯克（Edmund Burke）
>
> 除了恐惧本身，我们无所畏惧。
> ——富兰克林·罗斯福（Franklin Roosevelt）
>
> 从进步思想的最普遍意义上说，启蒙运动（the Enlightenment）一直旨在将人们从恐惧中解放出来，建立他们的主权。
> ——西奥多·阿多诺，《启蒙的概念》（"The Concept of Enlightenment"）
>
> 害怕。非常害怕。
> ——大卫·柯南伯格（David Cronenberg），《苍蝇》（*The Fly*）（1986年）

在我们处理对克隆的恐惧之前，谈谈关于恐惧本身的几件事可能是有用的。[1] 一开始重要的是把对实际威胁的理性恐惧与非理性焦虑和神经质恐惧区分开来。这是重要的，而且（我们必须承认）也是非常困难的，因为恐惧是否合理这个问题总是取决于背景条件和假设的可能性或概率的一整个复合体，以及一组复杂的规范框架和主观的、文化的、也许甚至是生理的倾向。一个生物还原论者可能会认为有一种引起恐惧的基因，未来将通过一个简单的医疗程序来克服整个克隆恐惧症的问题。这种观点似乎非常值得怀疑。虽有罗斯福所说的宽慰人心的话，正如当罗斯福说出这些话时所深知——尽管在把培养恐惧当作是美国总统任期基本策略的那个时期（2001—2008年）这些话的确看起来出奇地相关，但是还有比恐惧本身更多令人恐惧的东西。然而，重要的是要质疑有关用真实的、科学的"生活事实"以及技术事实来"教育公众"的乐观主义。这是（例如）理查德·莱万廷（Richard Lewontin）的观点，他认为，对克隆的恐惧实际上只是一个要由直言不讳的科学家们来纠正的"错误"和"混淆"的问题。[2]但是，正如萨拉·富兰克林（Sarah Franklin）所表明，"生活事实"的整个概念实际上是"被新技术困扰的归化叙事"。[3]克隆恐惧症不仅仅是由于无知或错误信息而造成的一种错误或认知误差：这是根深蒂固的一群意识形态焦虑情绪和症状，它们不断转移阵地，围绕着对生命本身意义的共同理解的结构中的历史危机而循环。我们发现自己"处于克隆时代"，没有一个明确的道德或政治指南针来指导我们。我自己的指南针相当简单，是基于我的同事、芝加哥大学医学伦理中心主任马克·西格勒（Mark Siegler）博士的立场。西格勒博士援引了被广泛接受的治疗性克隆与生殖性克隆之间的区别，前者旨在复制组织和器官，目的是修复已遭受（例如）神经损伤或器官衰竭的身体。后者旨在繁殖整个生物体，而不是器官或组织，其实际目标不太清楚。清楚的是，生殖性克隆是一个非常有问题的过程，涉及非常低比例的能够过上正常、健康生活的"成功的"（即生物学上可存活的）生物体。所幸的是，大多数克隆体是短命的或死产的，而且许多克隆体生来就有畸形。对大多数伦理学家来说看似清楚的是，从伦理学的立场上来看，一方面，生殖性克隆是有问题的。另一方面，治疗性克隆是大多数干细胞研究的首要目标，承诺会对人类真正有益。当然，这种基本区别在许多反对克隆的争论中模糊了，似乎生殖过程与治疗过程之间没有差异，更不用说克隆动物与克隆人类之间没有差异了。

然而我并不是想要提出，仅仅通过接受这种基本区别，对克隆的非理性恐惧（克隆恐惧症）就可能被直接治愈。情况要比那更复杂。因此，在我们陷入围绕克隆的非理性态度之前，列出一些关于克隆的基本事实可能是有用的。

"克隆"（Clone）一词出现是用来代表嫩枝或"插枝"（slip）之意的希腊语单词，它最早用于植物学和植物栽培中，指的是用嫁接、插枝和球茎从一种植物原种中培育出新的单个植株。克隆在生物学中有更广泛的使用,可指"由一个有性繁殖的祖先无性繁殖出的任何一组细胞或生物体"[《牛津英语词典》(*Oxford English Dictionary*)]。[4] 那么只有一个暗示,即克隆是一个进化上倒退的过程,涉及从有性生殖(在其中后代在遗传上是新颖的、随机化的和杂交的)后退一步到一个更简单的繁殖过程,在其中后代是供体或亲本生物体的双胞胎或复制品。不同于在动物学上的应用,这个词最初在植物学上的应用也进一步表明"植物"繁殖与"动物"繁殖之间的对比。但是,克隆当然是一个在所有动物身上和在人体内像细菌和抗体等无性生物体繁殖的自然进行的过程。许多不同种类的细胞(最明显的是癌细胞)迅速并很成功地克隆自己。同样重要的是提醒我们自己,从人工操控植物和动物中的繁殖菌株的意义上来说,"基因工程"不是一项现代发明,而是自从人类开始种植植物和饲养家畜以来就一直在进行。

当《牛津英语词典》把克隆的这些"字面的"意义转变为"比喻的"或隐喻用法时,我们遇到的第一个释义如下:"从其亲体的一个体细胞发育而来并且与该亲体的基因相同的一个人或动物,(口语)一个模仿他人的人,尤指盲目地模仿他人的人。"这些定义涉及克隆字面意义隐喻化的两个不同阶段:(1)克隆应用于一个"人或动物",我们必须假定相对于应用于一种植物或者(也许)单细胞生物体——在"动物"谱系的非常简单一端的某种生物;(2)克隆在口语中用做模仿或复制之意,尤其不是创造性或创新性的而是"盲目的"那种复制。第二个修辞是强化一种根深蒂固的焦虑传统的拟人化,焦虑有关模仿作为一种奴役或苦役而未能实现自治、独立和个性的形式。但是第一个隐喻意义是真正显著的意义,因为在过去的20年内随着人类和动物克隆以及许多相关生物技术的出现,这个意义乍看起来似乎为一种已变得相当字面化的意义。换言之,把一个被克隆的动物或人视为除了一个(字面意义上的)克隆体之外的其他任何东西,现在看起来是奇怪的。这就好像先前是比喻的事物,因为它仅是一种假设的、推测的可能性,现在已经被历史和技术超越,现在已经变成一个字面上的事实。

当然,单词的字面意义与比喻意义之间的差异是图像学或图像科学的关注中心。这种区别是基于"字母"与"图片"、单词与图像、书写系统的主观符号与图形表征的图标符号之间(字面上)的对比。字面意义有时被称为一个话语的"恰当的"或直接的意义,而它的比喻意义是"不恰当的",或超出了某种通常的意义,并涉及一个"转义"或"比喻",即将字面意义从其适当领域(例如生物学)转移到文化和人类行为领域的一种"修辞格"。因此,"盲目模仿"将克隆体作为一种精确的、完全相同的基因复制品的字面意义转移到复制机器和模仿行为的社会、人类世界中,人们突然发现"克隆体"在普通语言和日常生活中无处不在。

解决这种问题的正常的科学方法是暂不考虑一个术语的隐喻用法,并严格地将研究限制于其字面指称。不幸的是,这个选择不对图像科学开放,因为它的关注中心之一正是字面意义与比喻意义之间的这一转换时刻。不像生物学家,图像学家不能把研究限制于字面意义,而必须审视字面意义转换为比喻意义和比喻意义转换为字面意义的这个过程。后一过程——比喻意义的字面化——是在"亡隐喻"(dead metaphor)①[桌腿、椅子扶手、"政治体"(body politic)]现象中所发生的。就像在我们的时代克隆概念已明显发生的转换,当这种转换作为一种语言历史变化的一部分发生时,这是一个特别重要的时刻。克隆这个词过去常"恰当地"指称一种植物学的繁殖过程和一种或许非常简单、基础的动物学的繁殖过程,现在已经首先是比喻上然后是字面上将其应用转移到了高等哺乳动物的世界,甚至到了人类的世界。这个词的"恰当"使用已经经历了一场危机,正如在许多关于克隆人类的伦理争论中所看到的,几年前这些讨论甚至不存在(不过,正如我们将看到的,对它们的预期已经存在于关于"盲目复制"和更普遍的图像制作的焦虑中了)。

此外,克隆现在已经呈现一系列新的隐喻生命,远远超出了它的(新的)字面意义,已被应用到机器、建筑物、机构甚至到图像本身。如果一个图像是一个图标,即一个通过相似或相像来指代的符号,那

---

① 亡隐喻指的是诸如"桌腿"这一类因长期使用而变得司空见惯以致使用者不会意识到喻体与本体之间差异的比喻语。——译者注

么一个克隆体就是一个"超级图像"(superimage),它是一个完美的复制品,不仅复制它所复制之物的表面外观,而且复制它的更深层本质即赋予它以独特、特定身份的代码。克隆可以被称为"深度复制",因为它深入视觉的或现象的表面之下以复制一个实体的内部结构和活动方式,尤其是控制其自身繁殖的机制。克隆已经成为图像制作本身的一种图像,即我们这个时代图像生成技术最先进形式的一种元图像。[5]

现在我回到克隆恐惧症即对克隆的非理性恐惧的问题上。众所周知,甚至在知识分子对揭露和转变愚昧无知态度的"意识形态批判"的能力有深深信心的往昔,要教育人们认识自己的自我利益也是极其困难的,更不用说要说服他们脱离某种意识形态了。我们现在的情况如果要说真有什么的话,那么甚至更为复杂,因为难以明确说明什么样的认识论高地能提供围绕克隆的技术、伦理和意识形态预设的一个理性视角。随着我们继续进行这种科学、历史和哲学的努力,我们脚下的立场也正在发生变化。鉴于此,我认为我们必须认真对待克隆恐惧症,不要仅仅把它当作一种流行的错觉而不予理会,而要较为详细地分析它的运作方式。克隆恐惧症虽然与同性恋恐惧症、厌女症和种族主义有着密切的关系,但也有着明显的差异(例如,当至少在此刻还没有现存的人类克隆体样本要受鄙视时,很难说人类克隆体会遭受类似种族偏见或性别偏见的影响)。克隆恐惧症是一种根深蒂固的综合征,由于周围没有真实的克隆体来提供一个确定的恐惧对象,而是只有一些阴影般、面孔模糊不明的"粗暴野兽/正无精打采地走向伯利恒"的潜在可能,因此克隆恐惧症甚至更为复杂。

克隆恐惧症比误传或误解更为深重的最确定迹象是克隆恐惧症跨越了左翼与右翼、世俗与宗教的视角这一事实。克隆恐惧症的迹象不仅包括对克隆人类的主意有着"本能反感"的杰里·福尔韦尔(Jerry Falwell)们和莱昂·卡斯们,而且包括诸如把克隆的发明当作否定死亡和接受虚假永生的一种征兆的让·鲍德里亚(Jean Baudrillard)这样一位极"左"分子,虚假永生最终将意味着人类物种的终结,即对死亡驱动力的反常实现。鲍德里亚匆匆回顾了有关"克隆农场"里没有灵魂、没有头颅、身体部位将被获取和商品化的器官捐献者的常见幻想,但他把真正的恐怖时刻留给了克隆所预示的大规模统一性和进化倒退的长期前景。鲍德里亚预测，克隆的无性生殖特性将产生"使进化终结"并导致人类物种的"退化"和最终消失的一种同一性。[6] 环境因素和文化所产生的变化将不能阻止这个过程。相反，鲍德里亚认为：

> 事实正好相反。正是文化克隆了我们，而精神克隆先于任何生物克隆。正是这些获得性特性的基体今天于单一思维的表象下在文化上克隆了我们……通过学校系统、媒体、文化和海量信息，独特的存在者们成为相互之间完全相同的复制品。正是这种克隆——社会克隆，即物与人的工业化复制——使得基因组和基因克隆的生物学概念成为可能，这只会进一步准许人类行为和人类认知的克隆。（第25页）

这里引人注目的是鲍德里亚颠倒因果决定链以致隐喻、比喻的克隆先于真正、字面东西的发明的方式。这似乎很清楚，克隆仅仅是鲍德里亚长期痴迷于他所称之为的"拟像"（simulacrum）的一种推论，"拟像"即"没有原型的复制品"，以当代的模拟和虚假外观的方法无休止地自我繁殖。克隆体事实上只不过是拟像的拟人化和实体化，或者是（如鲍德里亚曾在其他地方所表达的）"图像的邪恶恶魔"（evil demon of images）。[7]

我认为这一姿态为我们找到克隆恐惧症的根源指出了正确的方向，克隆恐惧症的许多分支产生自这一中心问题。这不仅仅类似于对无论是种族的还是性别的"他者"的恐惧；这也不仅仅是害怕违反自然的或神圣的法则，害怕一方面违反进化的法则，或者另一方面害怕违反揭示的法则；这也不仅仅是对亵渎生命神圣性的恐惧，或是对抹杀人类个性的恐惧，或是为了静态永生而否认死亡的恐惧，也不是将人类变成商品的恐惧。正如莱万廷所指出的，最后提到的这种恐惧并不是什么新鲜事：自古以来我们一直在使人类商品化，并且已经接受这个过程为正常和自然的，那么为什么它应该是克隆特有的一个问题？不，克隆的真正问题是更为根本和深远的。说到底，对克隆的恐惧根植于对图像和图像制作的恐惧，这可以说是人类曾经为自己发展的最为持久的恐惧症之一。克隆是关于图像的最古老的恐惧和（显著地）最古老的希望的一种实现、一种字面化，那就是我们可能赋予图像生命。

当然，我刚才列举的克隆恐惧症的所有宗教和世俗形式都是克隆时代特有的焦虑的可识别变体。但是如果不先识别图像现象中克隆的共同祖先，我们就不能掌握克隆恐惧症种类的复杂分类。简而言之，克隆恐惧症是被称为图像恐惧症（iconophobia）这一种更为古老得多的综合征的当代表现，图像恐惧症是对图标，对相似性、相像性、模拟性，对复制或模仿的恐惧。

将克隆恐惧症视为一种图像恐惧症并没有起到简化问题的效果。相反，这种视角转变把对克隆的恐惧置于一种更长远的历史视角，这种视角认识到克隆恐惧症在具有新奇性的同时也准备在关于图像制作的古老焦虑中追溯其谱系。当然这是很明显的，对克隆的恐惧很少用现在主义者的专门术语来表达，似乎它是前所未有的。日常引用科学怪人弗兰肯斯坦（Frankenstein）神话、皮格马利翁（Pygmalion）和纳西索斯（Narcissus）故事、有生命泥人（golem）的犹太传说、从死的物质中被赋予生命的人工战士，一直到现代机器人和半机械人，证明人类迷恋于创造一种人工的人类生命形式前景的持久性（当然，正是人类生殖克隆在克隆恐惧症的情景中占据着舞台中央，尽管克隆恐惧症有向外扩展到动物克隆和甚至最适度努力进行的干细胞研究及治疗性克隆的趋势）。的确，人们可以给克隆叙事添加犹太—基督教传统的核心创世神话，从"以上帝的形象"（in the image of God）塑造亚当，到从亚当的肋骨克隆夏娃，再到将胚胎生命形式植入圣母玛利亚的子宫而致使诞生一个人类之子，［正如弥尔顿（Milton）所告诉我们的］早在圣子化身为凡人之前，他就在无性的孤独中被圣父"受生而不是被造"。如果这些神圣的创世故事并非如此频繁地与克隆联系在一起，那只是因为它们被精确地编码为神圣的或超自然的，所以根据定义免除了通常对人类创造力的禁忌和禁令。上帝被允许克隆他自己和他的创造物。人类要尝试同样的创造行为是一种不敬的冒犯，是对被禁止知识的挪用。只有上帝才被允许创造活态图像，这就是说，只有上帝才被允许制作图像，如此而已。这是第二条诫命中不可否认的信息，这条诫命不仅禁止制作偶像，而且禁止制作无论是在陆地上、海洋里或是在天空中发现的任何生物的任何图像。这里的理论是：如果允许任何图像制作,那么这将不可避免地导致一个有其自己生命的图像,以及万物有灵论、活力论、迷信、魔法和偶像崇拜的所有相关症状。

因此,图像恐惧症最原始、最古老的表现形式中已经包含了对克隆的预感。当所讨论的这些图像是要由启蒙运动科学和哲学来打碎的被鄙视的"心灵的假象(Idols of the Mind)①"之时,这种情况并不会改变。正如西奥多·阿多诺和马克斯·霍克海默(Max Horkheimer)所认为的,启蒙运动产生了自身对受压抑神话及附随它们的所有偶像、物神和图腾的辩证回归:"世界的祛魅是万物有灵论的终结",以及万物有灵论"众多神灵"的消灭,这些神灵"仅仅是创造它们的人们的复制品"。科学并不满足于仅仅根除原始的或唯心论的图像,而是着眼于整个理论和哲学思想领域:"据说图腾动物、魔法预言家的梦境与柏拉图(Plato)或黑格尔(Hegel)的绝对理念之间没有区别"。启蒙运动证明是"像它的浪漫主义敌人所指责它的那样具有破坏性":"神话的黑暗地平线被计算理性的太阳所照亮,在它的冷峻光线之下,新的野蛮行为的种子长成果实。"[8]无论是由最终解决方案(Final Solution)还是由底线(Bottom Line)所驱使,(被法西斯政治中异教信仰的回归所激活的)极权主义会结合官僚效率和工具理性的陈腐形式。

那么,阿多诺本会将克隆恐惧症视为启蒙辩证法的完美典范,显示古老的对相当真实地重生于后期资本主义的科技装置和商品中的动态图像的恐惧。在克隆体中,"DNA的恋物性质及其秘密"[9]与生控复制的超级图标(hypericon)融合在一起,因为"克隆体"(为了最后给他/她一个合适的名字)不仅是后期资本主义、后现代主义或生物控制论时代的一个"图标",而且是一个超级图标。也就是说,它是一个图像生产的图像(image of image production),是一个为了复制、重复、模仿的形象,以及相似性生产的所有其他形式。它是同一性的迹象,这种同一性被证明甚至比差异还更可怕。如果克隆羊多莉是一只披着

---

① 哲学家弗朗西斯·培根提出的有关认知局限性概念的"心灵的假象"即"四假象说"包括下列:族类的假象(Idols of the Tribe)、洞穴的假象(Idols of the Cave)、市场的假象(Idols of the Marketplace)和剧场的假象(Idols of the Theater),用于解释谬误产生的原因或清除认识障碍。——译者注

羊皮的狼,那将会是令人安心的,但是披着羊皮的羊的想法是更令人不安的。这是为什么?这只羊是上帝的羔羊吗?或是冒名顶替者吗?难道不是反基督者作为真基督的双重体(double)或克隆体而到来吗?对差异的恐惧和对陌生人、怪物、外星人的恐惧,可以被称为一种"理性的"恐惧,或者至少是一种具有确定的对象或图像的恐惧。种族或性别的他者(除了同性恋这个明显的例外,我们还会回到这一点)是被明显地标记为不同的和可区分的。但是,当不同者伪装为相同者到来并威胁到所有的区分和认同时,真正的恐惧便产生了。克隆体对身份本身的逻辑提出了质疑。

克隆恐惧症因此唤起了有关双生子、平常的相似人物(canny doubles)或出奇的相似人物和面貌相似之人(doppelgangers)的整个相关家族的所有古老禁忌。完全酷似的人(Dead Ringers)困在他们的镜像阶段,从复制人到变种人再到半机械人,在科幻小说的殿堂里悄然而行。后人类的未来正在进行中,包括被克隆的突击队员和恐怖分子、被克隆的希特勒和爱因斯坦、邪恶双生子和像《异形》(*Alien*)三部曲里雷普利(Ripley)那样的怪物混血儿。相似性、人工性和出奇的逼真性,即形象本身的所有这些特征都在这些幻想中被复活了。

甚至基于相对现实地评估克隆人类前景的小说也显示出克隆恐惧症的不能根除性。早期的小说,像帕梅拉·萨金特(Pamela Sargent)的《被克隆的生命》(*Cloned Lives*)(1976年)[10],描绘了一位杰出的科学家用他自己的DNA造出了5个男性和女性后代,五胞胎之间在性格和外表上强烈分化的貌似有理的剧情。然而,在五胞胎的烦恼生活的整个期间,克隆的污名一直笼罩着他们,使他们成为普通民众中令人好奇和厌恶的对象。更近期的小说,诸如石黑一雄(Kazuo Ishiguro)的《永远别让我走》(*Never Let Me Go*),把克隆问题转移到最熟悉甚至最舒适的环境,即一所名为"黑尔什姆"(Hailsham)("健康的小村庄"?)的英国寄宿学校。克隆的儿童在那里接受来自具有改革思想的教育者的适度教育,这些教育者认为(尽管保守派政治家强烈反对),克隆人可能实际上是可以教育的,而且甚至拥有创造性的灵魂。石黑一雄的小说是一部女性化的教育小说（Bildungsroman）①，有关一代克隆人的命运是要充当器官捐献者，然而其小说的《简·爱》式基调受制于一种在不知不觉中产生的厄运感。克隆人最高的个人抱负是要得到一份司机或邮递员的工作。他们确信自己是"从垃圾塑造出来的。吸毒者、妓女、酒鬼、流浪汉……如果你往下看马桶里，那你就会发现我们所有人都是从那里来的。"[11]他们因捐赠重要器官而不可避免的死亡被委婉地描述为"完结"（completion）。

当克隆人的视角被表现于当代叙事中时，它往往会在无辜的受害者与无情的杀手之间摇摆不定。例如，在阿诺德·施瓦辛格（Arnold Schwarzenegger）的电影《第六日》（*The Sixth Day*）[罗杰·斯波蒂伍德（Roger Spottiswoode）执导，2000年]中，克隆的施瓦辛格扮演这样两个角色，先是作为受害者，然后当他雇用来自一直违反禁止克隆人类的"第六日"禁令的邪恶公司的那帮凶残的克隆的保安时则作为复仇者。这部电影中美妙的喜剧色彩出现于当施瓦辛格面对将要向他的妻子示爱的他的克隆体时，他们就哪一个是原型、哪一个是复制品展开了一场没有定论的争论。在像《逃出克隆岛》（*The Island*）[迈克尔·贝（Michael Bay）执导，2005年]这些电影中，通过一个令人欣慰的神话：在一场生态灾难毁灭人类之后要使人重新入住地球，克隆人被保存于一个地下基地中，处于不知他们作为器官捐献者的真实命运的焦虑之中。克隆人被告知他们将成为新的亚当们和夏娃们，而事实上他们的（可预见的）命运是要为他们的有钱有势的"原型"充当器官捐献者。

很明显，这些叙述具有模糊生殖性克隆与治疗性克隆之间界限的效果。这就好像反对制作神像的"滑坡效应"论点正被转移到活的有机体的繁殖上来一样。这个逻辑中的关键环节与美国的"生命权"论点惊人的相似，并建立在该论点之上，即认为受精卵、胚胎以及甚至像胚囊一样最小的东西已经是一个完全成形的人，拥有一个美国公民的所有权利和特权。因此，克隆直接等同于堕胎。[12]只有上帝——或者

---

① 源自德语的单词"Bildungsroman"指源自德国文学中一种传统的小说类型即教育小说，以描述主人公的成长过程为主题。——译者注

进化选择的随机性——才被允许创造生命的图像。违反不可造像这一法则的任何人——即使图像还没有交付给他们——将受到死亡的惩罚。

图7 罗杰·埃德蒙森（Roger Edmonson）的《克隆人：男同性恋巨星艾尔·帕克的生活与遗产》（*Clone：The Life and Legacy of Al Parker, Gay Superstar*）的封面［纽约和洛杉矶：爱丽森图书出版社（Alyson Books），2000 年］

如前所述，在最近的 15 年里好莱坞已经制作了 100 多部关于克隆的电影，我不知道还有更多的多少部正在制作中。这些影片中的大多数都是容易被遗忘的，因为它们重复使用我一直在概括的那些熟悉的情节。我们可以把它们概括为克隆恐惧症的表现，理解为一种迷恋与恐惧的情结——简而言之，这种情结是一种系统性的矛盾情绪，它虽与种族偏见和性别偏见的众多回声产生共鸣，但不知怎么地却有所不同。这种不同是什么呢？因为克隆人们（或一个克隆人的所有成员）看起来相像，所以他们可能看起来像一眼就能认出来的一个种族亚群。但是因为克隆人是我们的复制品，所以他们不能被承认为是我们本身，他们就像那些即使血管里只有一滴黑人的血也必须"被当成白人"的人一样。因为他们是人工繁殖的，而不是由异性结合而"生育"的，所以围绕克隆人图标有着某种未分化的弦外之音。克隆人似乎能够在种族上和性别上"蒙混过关",更不用说在易装癖上和变性上了。富有男子气概的男同性恋先锋模特曾被称为"克隆人"就并非偶然。

在20世纪70年代,举重运动员、皮衣男孩、摩托车手、牛仔——简而言之,强壮、阳刚男子的模式化形象——取代了花花公子和娘娘腔,成为男同性恋的新原型。男同性恋巨星艾尔·帕克(Al Parker)以其不可名状的英俊外表和运动员般的高超性感技能统治了这一场景。当然,作为一种对男性气概的做作的挪用,同性恋克隆人是在男同性恋群体内一个具有相当多反讽意味的形象、一种男子汉气概的酷儿化(queering)。然而从直男(straight men)[①] 的观点来看,克隆人是一种焦虑形象、一种同性恋恐惧症与克隆恐惧症的融合。

那么克隆体的问题不仅在于它是一个生物的活态图像,而且在于它是不能分辨的、匿名的,受控于一种无个性或冷漠性,这种特征走向其最激进的表现形式是无头的克隆体,即一种没有头颅、没有思想、没有灵魂的生物,它是沦落为"赤裸生命"(bare life)的人类有机体的例证。艺术家保罗·麦卡锡(Paul McCarthy)令人不安的雕塑作品《克隆体》(*The Clone*)或许最佳地表现了作为一个独特形象的克隆体图像,该雕塑是一个像人体模型的人类躯体,它的头部和躯干被一个垃圾袋罩住,它被拆离的双臂平躺于它双脚边的地上(参见图8)。

麦卡锡正在引用克隆体作为器官捐献者的标准叙事,使人类有机体沦落为一种纯粹工具的和商品化的状态——如石黑一雄所说的"从垃圾中塑造而来"。[13]但是很难忽略这个形象与阿布格莱布监狱戴头罩的伊拉克酷刑受害者图像的相似,也难以忘记将酷刑的容许局限定义为涉及"器官衰竭或死亡"的白宫律师的命运攸关的备忘录。[14]作为器官捐献者的克隆体的最终命运是哲学家吉尔·德勒兹(Gilles Deleuze)所称的"没有器官的身体"的字面化,即在它的所有器官被"收割"之后的被肢解的人体外壳。那么这个形象的逻辑对应物是置于麦卡锡

---

① 直男是指在任何情况和环境下都只喜欢女性的男性,也就是异性恋男性。直男是如今对于异性恋男性的一个特殊称呼。在英语中常用单词"bent"(弯曲的)作为同性恋的代称,而用单词"straight"(笔直的)表示异性恋,直男的说法由此而来。——译者注

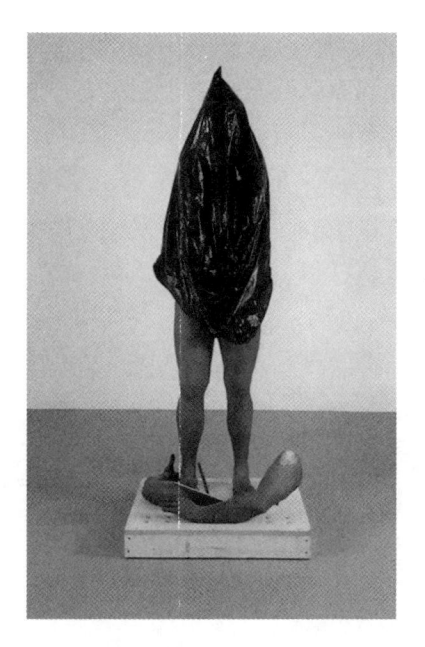

图 8　保罗·麦卡锡：雕塑《克隆体》（2001 年/2004 年），承蒙该艺术家许可，承蒙弗里德里希·克里斯蒂安·弗里克收藏品（Friedrich Christian Flick Collection）提供照片。

的克隆体脚边没有身体的器官。手臂、腿部、肾脏、肺部、眼睛、肝脏都是非常有价值的商品，特别是如果它们能够被移植到克隆体的亲体或"供体"有机体中，在其中相同的 DNA 识别标记将防止寄主身体的免疫系统排斥被移植的器官。正如鲍德里亚所提出的，被克隆的身体中唯一可任意处理且毫无价值的器官是头部或大脑。消除这个无用的附属器官（除了为保持身体其余部分存活的自动调节机制）具有双重可取的效果，致使克隆体没有头脑，使它不仅沦为一种动物状态，而且更接近类似于一种植物人状态，同时它消除了可能引起同情感的人脸的不方便特征。克隆体被罩盖的形象与"疑似恐怖分子"的趋同或许非常生动地戏剧化于阿拉伯世界的一个谣言：美国正在把阿布格莱布监狱的被拘禁者用作器官供体。土耳其电影《狼谷》（*Valley of the Wolves*）［土耳其语片名：*Kurtiar vadisi*，2006 年，塞尔达·阿卡

(Serda Akar)和穆斯塔法·塞夫斯基·多根(Mustafa Sevki Dogan)执导]中包括这样一幕:在阿布格莱布监狱的一间手术室里,一名戴着头罩的被拘禁者正在被切除一个肾脏。想必只有移植不成功,这样的事件才会符合白宫的"器官衰竭"标准。[15]

图9　乔治·卢卡斯的《星球大战》第2集《克隆人的进攻》(2002年)剧照,描绘克隆人军队。

然而,克隆体的概念并不局限于已从一个亲体生物体被复制而来的独特生物体。这个词也指整个群组或系列。就像单词"flock"(鸟群)或"herd"(兽群)一样,"clone"这个词指一个拥有无限数量成员的集合实体。因此,当《星球大战》中名为《克隆人的进攻》(Attack of the Clones)的那一集显示被动员起来的克隆人军队列队行进之时,我们所看到的不仅是单个克隆人的集合,而且是一个单一、独特的克隆体(参见图9)。这个克隆人群体的所有成员都是与亲体生物体完全相同的双胞胎,从冷酷无情的赏金猎手詹戈·费特(Jango Fett)的模板中提取,经过基因工程改造以期使他们更服从命令。[16]当然,成群的突击队员图像使人想起在纽伦堡集会①上成群的战士图像,这是齐格弗里德·克拉考尔(Siegfried Kracauer)所称的"大众装饰"(mass ornament)的最令人难忘的化身,即人群集会形成一个单一的组成图案

---

① 纽伦堡集会是1923年、1927年和1929年在德国巴伐利亚州纽伦堡举行的大规模纳粹党代表大会,从1933年到1938年每年定期举行一次,这些集会主要是政治宣传。在1939年第二次世界大战爆发后纽伦堡集会没有再举行。——译者注

的队形。连同体育赛事和政治集会上的"卡片分区"(card sections)表演实践,在其中个人被简化成数字化的大众奇观中的密码或像素,巴斯比·伯克利(Busby Berkeley)的几何形集体舞队形或许也是这种大众装饰最彻底的美学化版本。

然而,这与克隆人军队有一个重要区别。经典的群众理论认为,当人们在进入大众之时便失去了其个性,但是他们可以通过离开人群、"走自己的路"并回到私人领域来恢复个性。[17]但是被克隆的军队不允许这样的个性回归。克隆人完全相同不仅仅是因为他们可见的一致的盔甲和头盔,以及他们插入受控的大众队形,而且他们在不可见的深层次上也都是相同的,有着完全相同的DNA。克隆人是他们的亲体和互相的"深度复制品",无论他们与大众有多大程度的分离,他们都维持着其群体的身份。信徒的公共"身体"这一古老的宗教隐喻在这一图像中被实在化,并且这一隐喻仍然普遍存在于这样一个概念中,即一个人可能是一个组织(即有机体)或社团(即团体)的一个"成员"。而且,他们的同质性还因这样一个事实而被加倍增强:不像一个有机的或社会的团体,在其身体的成员或"器官"当中没有区别——没有"头""脚"或"手"的区别。正如代表步兵的标准提喻法"地上的靴子"(boots on the ground)所表述的,他们全都是步兵。

最近将可被称为"新大众"的整个图像凝结入一个单一的格式塔的艺术作品是波兰雕塑家玛格达莱纳·阿巴卡诺维奇(Magdalena Abakanowicz)的一件杰出的雕塑装置。顾名思义,2007年被安装在芝加哥格兰特公园里的《集会》(Agora)使人想起希腊人关于公共集会场所的概念,无论是作为一个集市还是作为一个政治空间。但是阿巴卡诺维奇以几种重要的方式改变了人群的经典形象。首先,最明显的是,所有的形象(在规模上是壮观的,大约9英尺高)都是无头的。其次,甚至更令人不安的是,他们全都是中空的,被切除了内脏,好像他们所有的内脏都已被收割,仅留半身,背部敞开,前面的躯壳包括手臂、腿部,被减少到仅是会覆盖他们身体的衣服的躯干,以及表示他们动作的手和脚,仿佛他们的皮肤和骨骼也已被收割。最后,110个形象的组合看起来明显是随机化的。虽然每个形象似乎都正在有目标地朝一个或另一个方向大步走,但是他们当中没有人一起走,或相遇，或流露出任何合并成组或甚至成双的身体信号。从这个意义上来说，他们与作为组织成紧密纪律模式的大众装饰的人群图像恰恰相反。他们给观者的印象是可能正在聚集或分散过程中的人群，也许除了一个微妙的指征之外，没有任何明显的形状或一致性。他们似乎分成两个集群，一群比另一群更大，他们之间有几个形象排列成行，仿佛在为两个无组织的组合扮演"中间人"的角色。也许这反映了社会组织最原始的形式，即划分为朋友与敌人，我们与他们。无论如何，在个人身体和集体组装两个层面上，他们剪切成一个双重无头的形象，该形象正如我母亲过去经常所说的"像被砍掉了头的鸡"一样漫无目的地四处转悠（参见图10）。

图10　玛格达莱纳·阿巴卡诺维奇：《集会》（2008年），芝加哥格兰特公园的雕塑装置，照片由艾伦·托马斯（Alan Thomas）拍摄。

我认为阿巴卡诺维奇并未打算让这一装置使我们想起克隆体和克隆行为。正如她已告诉我的，她的目的曾是更普遍地反思大众的心理，特别是关于她自己与共产主义和法西斯主义的生活经历。当然，"空心人"（hollow men）的主题有着深厚的现代主义血统，可以追溯到T. S. 艾略特（T. S. Eliot）。但是空虚、无头性和（在社会层面上）不加注意及相互忘却的结合，会在克隆时代引起共鸣。[18]这些是没有器官的身体，如同一个没有组织的团体的成员。

那么，克隆的时代就是现在。我们正在经历人类物种历史上的全新事物：当我们的整个生态系统，包括内部和外部，生物和环境，似乎正在经历一个重大的转变——一些人称之为"人类世时代"（the age of the anthropocene），此时人类能动性成为自然环境中的最大因素，"比雨更强大"。[19] 然而，这一时刻的新奇之处必须关联它对人类物种最古老的恐惧和希望的复活来理解。这不是一个为了怀旧或现在主义（presentism）的时代，而是一个为了大规模反思我们关于人类动物的自我形象及其与我们生活在其中的所有生命形式和与生活在我们内部的所有生命形式的关系的所有假设的时代。

第4章 自身免疫：图绘恐怖

> 但是无论表面上如何，美国官员和伊拉克官员对伊拉克叛乱的基本结构有一致看法：它是水平的，而不是分层的；是特别的，而不是统一的。他们说正是这种与欧洲和亚洲恐怖组织的特征类似的中心特征使得伊拉克叛乱如此难以消灭。若攻击它的任何一个部分，其余部分大多会不受影响而继续。它不可能被斩首，因为叛乱大多没有头目。
>
> ——戴斯特·费尔金斯（Dexter Filkins），《大量的反叛团体帮助他们在伊拉克存活》（"Profusion of Rebel Groups Helps Them Survive in Iraq"）

克隆是生物政治的微观方面。[1]作为个体生物体无性繁殖的一个名称，克隆指"该"克隆体为一个特定的东西，或一个特定的东西的集合，它们所有都是彼此的深度复制品。但是生物政治也有一个宏观方面，在个体是其中成员的"政治体"（body politic）或"社会体"（social body）的隐喻中表现出来，成员通常在地位和角色上有区别，被排列在一个等级结构中，例如，从国家的"元首"（head）到"武器"（arms）① 的力量，再到"步兵"（foot）② 士兵。将三院制政府划分为行政机构、司法机构和立法机构也反映了一种关于被划分为诸如慎思、判断、行动或意志这类"官能"的个体心理本身的传统概念。

---

① 英语单词"arms"在此有双关含义，既表示手臂，也表示武器、战事。——译者注
② 英语单词"foot"在此有双关含义，既表示脚、底部，也表示步兵。——译者注

因此，一场传统的战争是发生在两个不同的政治团体（political body）即两个拥有不同的文化、政治制度和历史的主权民族国家之间。内战发生于政治体一分为二的时候，其结局要么是分裂成两个不同的政治组织（polity），要么是达成有利于一方或另一方的决议。革命战争经与内战合并，使人口中的一部分（按阶级、宗教或政治意识形态划分）与另一部分对抗。不必说，战争的这些形式都不是以纯粹的形式进行。第三方、外国利益和联盟总是会发挥作用。

那么，问题就出现了：国际恐怖主义运动及其对立面全球反恐战争的适当生物政治模式是什么？任何读报纸的人都熟悉通常的答案。恐怖主义就像瘟疫、病毒或癌症一样。它在无形中传播，并在毫无预警的情况下以引人注意的蓄意破坏和象征性破坏行为爆发。它不是作为一支手持现代武器、征服领土、穿越边界的入侵军队出现，而是带着伪造的证件越过边界，假装自己是一位友好的客人，或者静静地潜伏在休眠细胞里，等待它突然出现的时刻。正如英国人从作为英国国家健康体系（National Health Service）医生的恐怖主义特工的行动中悲哀地获悉，它不一定有外来起源，但却可能是"土生土长的"。尽管恐怖组织可能有一个像奥萨马·本·拉登那样的意识形态的、偶像的挂名首脑，但是最令人不安的是它横向的和无头目的特性，这种特性通常只用最少的运作层次就能起作用。因此，就像癌症一样，恐怖似乎能够转移，突然出现在政治体先前健康的区域，在此区域，如果不损坏重要器官就很难将它移除。

在紧接着"9·11"事件之后，特别是在2001年秋季炭疽热恐慌期间，恐怖主义与字面的或隐喻的生物恐怖主义之间的等同不可避免。但在那时，可称为过去30年中最杰出的法国哲学家的雅克·德里达提出了另一种生物政治隐喻。德里达没有沿用通常的传染性疾病的隐喻，而是提议将恐怖主义描绘为"自身免疫紊乱"（autoimmune disorder）。根据医学文献索引百科全书网（MedLine Medical Encyclopedia），自身免疫是"免疫系统错误地攻击和破坏健康的身体组织时所发生的一种情况"。[2]它包括多种过敏症、I型糖尿病、类风湿性关节炎、毒性弥漫性甲状腺肿等。就像试图刻画恐怖主义动态及其对社会体的影响的几乎所有人一样，德里达转向了一个生物学上的隐喻，但这一隐喻关注的是生物体本身的防御机制，而不是恐怖主义作为由外来微生物的外部入侵的通常刻画。克隆体的形象在德里达的分析中没有发挥任何作用，但正如我们将看到的，它在传染病模式和自身免疫形象两者的微观刻画中都具有至关重要的作用。两种模型中的克隆体都是个体"士兵"或"细胞"的形象——生物政治战场上的抗体和抗原。德里达也预见了把"9·11"袭击和美国的反应视为早先的政治弊病即冷战的残留症状的历史学家们的结论。[3]他将"9·11"袭击诊断为"冷战的遥远影响"（第92页），更确切地说是"头脑中的冷战"的遥远影响，即现已在一个"自身免疫过程"中变异了的一种全球"头伤风"……"在这种奇怪的行为中，一个生物以准自杀的方式'它自己'运作以破坏自己的保护，使它自己免疫以对抗它'自己的'免疫力"（第94页）。[4]

乍一看，这种对恐怖主义的诊断似乎有悖直觉，甚至可能是品位差。它似乎"指责受害者"，即美国和以其为"首脑"的全球体系，因为其招致了这些袭击，或甚至因其犯了"准自杀"的过错。"自身免疫"的形象似乎会更严格地适用于类似军事政变这类事件，在军事政变中，外部边界和内部秩序的武装捍卫者即军队和警察转而反对合法组建的政府，攻击立法机关、司法机关，并废黜行政机关。[5]我们想说，"9·11"恐怖袭击来自政治体之外，来自像中东这样遥远的地方，它是由外来者、由利用了美国人的热情好客以渗透到我们边界的"外国团体"的袭击。[6]德里达的自身免疫形象和更广泛的免疫系统形象似乎被"延伸"至极限。

但再经考虑，这个隐喻的延伸似乎正是要点。（政治）体［body (politic)］的界限、边界、疆界，它的内部/外部、朋友/敌人、本地人/外来者、字面/比喻的关系正是免疫系统隐喻中和"国际恐怖主义"新现象中被谈论的内容，国际恐怖主义与专注于一块明确领土的地方抵抗运动（爱尔兰、巴勒斯坦、西班牙）的恐怖主义截然不同。正如德里达所指出的，美国不仅是一个有其自己确定边界和身份的独特政治体，而且是"盛行的世界秩序的象征性首脑"、当代世界体系这个更大得多的全球体的首席机构。"9·11"袭击不仅针对"美国领土"，而且针对"世界贸易中心"。[7]像世界体系的边界一样，也像全球化本身一样，免疫系统的隐喻延伸出来以理解当前历史现实整体中的至少一个维度。

在选择自身免疫的形象作为分析现代恐怖主义的工具时，德里达选择了一个有着相当大剩余价值的形象，即一个其直接适用性令人吃惊的形象，而且它继续产生的共鸣远远超出德里达对它的使用。正如唐娜·哈拉维（Donna Haraway）所指出的，"免疫系统既是高科技文化中图标性的神话对象，也是首要的研究和临床实践主题。"[8] 重要的是要强调哈拉维坚持这个概念的双重性，一方面它具有"图标性的"地位，另一方面它是一种不可或缺的研究工具。也就是说，我们可以尽力抵制作为一个"纯粹隐喻"、松散类比的这一形象，但在作为描述恐怖主义的普通语言的一部分的生物学形象中，以及在生物医学研究不可避免的语言中，自身免疫的形象会不断回来以困扰我们。甚至更为有趣的是我想称为德里达的比喻所假定的整个基础隐喻的"两极"特性，亦即"政治体"的古老形象。[9] 邀请我们把集体、社会、国家、人类甚至所有生物都视为"一体"（one body）的这个形象是可逆的。也就是说，无论我们想要与否，我们发现自己除了在谈论"政治体"（body politic）之外也在谈论"政治团体"（political body）。[10] 结果证明，"immunity"（免疫力、豁免）本身这一概念最初是基于社会政治话语，而不是生物学话语："拉丁语单词 immunitas 和 immunis 起源于豁免的法律概念，"一种在"外交豁免"的概念中回归的意义。[11] 整个免疫系统理论和免疫学学科都充满了取自社会政治领域的形象——入侵者和防御者的形象、宿主和寄生生物的形象、当地人和外来者的形象，以及必须维持的边界和身份的形象。在要求我们把恐怖视为自身免疫的过程中，德里达在把这个隐喻送到国外、把它"延伸"到世界边界的同时也在把它带回国。这个"两极形象"的影响是要产生一种没有字面意义的情况，在此情况中只有两个形象之间的共鸣，一个是生物医学形象，另一个是政治形象。

当然，字面意义的不可能性意味着我们在字面上"不知道我们正在谈论什么"或者我们"在字面上"正在谈论什么。[12] 我们陷于两个形象之间的电路中，在两个话语领域之间的交流电中舞动。对于德里达来说，这种对无知的承认是至关重要的，因为自身免疫隐喻的真正政治除了它要解构构造了反恐战争的所有简单的、摩尼教式的二元对立的力量之外,还要将恐怖主义重新上演为一种需要分析地、系统地、没有道德上大肆宣扬地思考后得出结论的状况,这正如我们处理医疗状况的诊断一样。[13]甚至更深远的是此隐含意义,即为了带着有效治愈的希望解决恐怖主义问题,"一个突变将不得不发生(第106页)"在我们关于正义、民主、主权、全球化、军事力量、民族国家关系、"友好"与敌意的政治的整个思维方式中。换句话说,在这里我们有一些东西要学。预先建立的确定性恰恰是错误的药物。

但是免疫系统本身的隐喻(和字面运作)提供了一条线索。人体中有两个能够学习的系统:一个是神经系统(我们过一会儿就将回到这个系统);另一个是免疫系统,它的学习是通过"克隆选择",即产生反映入侵抗原并与它们结合、同时杀死它们的抗体。[14]这个形象的隐含意义相当清楚。打击国际恐怖主义的恰当战略不是战争,而是发展理性的、开放的、公共的国际司法机构。"反恐战争"就像火上浇油,或者(为了维持生物政治上的类比)就像大量的、非聚焦的放射性剂量或是侵入性手术干预一样,即未能区分身体与其攻击者或甚至刺激病原体扩散的过度反应性"治疗"。[15]即使有人怀疑"反恐战争"一直伴随着恐怖主义袭击(伦敦、马德里)数量的可衡量的增加和圣战分子的加速招募,在公共卫生的视角内重构国际恐怖主义肯定会给予我们停顿。[16]关键问题不是世界上有"多少"恐怖分子逍遥法外,更不是某个统计机构计算的有多少恐怖分子能被消灭。这个问题实际上是结构性的和定性的。癌症的诊断不仅基于致命细胞的数量,而且基于它们的质量(快速或缓慢生长)、形状和在体内的位置。过度性反应策略实际上能繁殖更快地克隆自己的新的癌细胞。(癌症与自身免疫有一种有趣的关系,因为它是关于身体无能力把破坏性细胞结构识别为异体组织;癌细胞是身体自身的细胞——它们的DNA谱系与宿主机体无法区分。因此,免疫系统通过身体自身细胞的攻击而处于休眠状态。)

最好的战略是高度有针对性和智能化的情报,加上明智的和司法的程序——不是在摧毁部落大院的无人机,不是"疑似叛乱分子集中区"的高空轰炸,不是"黑色行动"(Black Ops)突击队,不是"独立承包商"的私人军队,也不是来自布什反恐战争幻想世界里戴头罩的虐囚者,而是能冒充敌人、说其语言、能理解和同情的渗入者——他们能把自己呈现为能以某种可信度声称要把朋友的利益放在心上的朋友。毕竟，恐怖主义对于大多数人来说是一个相当没有出路的命题，就像属于一个犯罪团伙。事实上，现在可能是时候开始向恐怖组织输出一些对付帮派暴力和毒品交易的最有成效的模式了。纽约市预防和控制犯罪中心主任、约翰杰伊刑事司法学院人类学教授大卫·肯尼迪（David Kennedy）开创了对付犯罪团伙的新的"智能"方法，这些通过社区参与和有针对性的会议的方法，实际上是利用道德劝导来让犯罪分子看到他们行为的具体结果，并开发替代方案。借助于能够被"用来绘制从商业组织到传染病暴发和恐怖组织中的人际动态地图"从而仅识别和瞄准团伙中关键人物的"社交网络分析软件"，这种方法在反抗对犯罪分子实施强力"镇压"所有战略的许多美国城市中已有的结果是戏剧性的。[17]

这种战略会涉及把为了对付国际恐怖主义的许多运作责任转移到伊斯兰世界，转移到它的内部司法传统、社会和政治网络、已建立的合法的警察和军事力量、现代化和世俗化倾向，以及伊斯兰世界对和平与正义的深层宗教承诺。欧洲帝国主义的悠久历史当然深深侵蚀了许多阿拉伯国家的这些制度，留下腐败、专制的政府和破碎的社会。然而，对这种损害的补偿不应采取军事干预的形式，而应采取建立诊所、学校和切实能为普通人带来积极事物的基础设施的形式。正如尼古拉斯·克里斯托夫（Nicholas Kristof）所指出的，"为部署一名士兵（到阿富汗）一年的成本，就有可能建立大约 20 所学校"。[18]人们广泛承认，甚至最鹰派（强硬派）的将军们也承认，镇压叛乱是一个"全心全意"的事情，而不是"清除和保留"行动，包括巷战，更不用说无人机、高空轰炸和被误导的暗杀。首要的是，（在像阿富汗这样的情况下）诸如村长老委员会这样当地受欢迎的领导层必须直接参与资源的支出和"软实力"的行使。2009 年 12 月，奥巴马政府发动向阿富汗军事"激增"3 万增援部队的决定是在与除了其生活受到直接影响的普通阿富汗人之外的每个人广泛协商之后达成的。[19]

对美国军事力量的开明使用会保存它以备用于紧急情况、人道主义危机和其他有限规模的干预。完全先发制人的战争、入侵和占领一个没有袭击过我们的外国将几乎是不可能的。"政权更迭"中的军事冒险和在枪口威胁下的民主化将处于议程的低位。

如果我们能够倾听我们的免疫系统,那么它正在对我们低语暗示。也就是说,它正在给神经系统传递一个教训,神经系统是能从经验中学习的另一个身体系统。不仅如此,神经系统还能用自觉反思、批判、记忆和历史保存来加速其学习过程。免疫是细胞"记忆"的一种形式;身体通过经验学会如何抗击麻疹,而且不会遗忘。那么对免疫系统最危险的威胁就是健忘症,即忘记了它所学到的东西:例如,忘记今天的恐怖分子(基地组织、奥萨马·本·拉登)是昨天的盟友,其被训练成对抗苏联在阿富汗军事力量的抗体;甚至更危险的是忘记昨天的恐怖分子通常是明天的民族解放英雄,忘记道德绝对真理不仅是无用的,而且在任何反恐战略中肯定是危险的。

不幸的是,马歇尔·麦克卢汉(Marshall McLuhan)所称的社会体的"中枢神经系统"(the central nervous system),或是德里达所称的"媒体的技术经济力量"(technoeconomic power of the media),已被一个图像——"9·11"这个奇观、这个词、尤其作为神秘名称的这个数字所伤害。这一图像即双子塔被摧毁的奇观已在集体的全球神经系统中被反复克隆。[20]事实上,这一事件本身的媒介化是它的全部意义,正如德里达所指出:

> 如果没有电视,"9·11"会是什么样。……最多的媒体报道符合"9·11"肇事者、恐怖分子和那些以受害者的名义想要宣布"反恐怖主义战争"的人的共同利益。……真正的"恐怖"不仅仅是摧毁双子塔或袭击五角大楼,也不仅仅是杀害数千人,而是包括且事实上开始于通过目标本身揭露和利用……这一恐怖图像。(第108页)

简而言之,这次袭击不是直接针对免疫系统,而是针对神经系统。它是恐怖分子通过在全世界摄像机前上演一个装配、制造的图像即一个"印象"或"奇观"来实施的,而这次袭击被一个政治派别利用,以它自己的情报部门、外交和军事专家以及确实了解一些威胁性质的学者的工作为形式,来宣布进入一个无限期的紧急状态和豁免状态——即免于公民自由和国际法的所有常规细节，更不用说免于它自身的免疫系统和神经系统的所有合法的、牢固确立的制度。历史学家拉希德·卡利迪（Rashid Khalidi）所称的"基于信仰的外交政策"与基于信仰的恐怖的幽灵是十足的双胞胎。一个狂热分子应得且产生了另一个狂热分子，山姆大叔被克隆为奥萨马大叔。[21]对克隆人类的严肃医学研究被通过宣布反恐战争而克隆恐怖的同一个政府所禁止。

那么正是神经系统的"紧张"正在生产免疫系统的"自身免疫"。当然，这是关于这两个系统之间关系的标准医学智慧。当神经系统处于恐慌、焦虑或抑郁的状态时，或甚至更糟，处于精神病的状态时，同时产生幻觉和偏执的幻想，免疫系统也有做出不恰当反应的倾向。治疗的方法是什么？第一步是要改变这些形象、宣布反恐战争的结束。奥巴马政府通过拒绝使用反恐战争这一短语，代之以"海外应急行动"的委婉说法，从而在某种程度上不宣战，在这个方向上做出了一个调整姿态。正如每个文学学者所知，名称的改变是一种隐喻。"我的爱人是一朵红红的玫瑰。"但这也仅仅是一个隐喻。叫其他任何名字的玫瑰也会一样芳香，而且［正如格特鲁德·斯坦（Gertrude Stein）评论道的］"玫瑰就是玫瑰就是玫瑰"（a rose is a rose is a rose）。因此，如果名称所规定的做法和政策也未被更改，名称的改变仅是一个开始，实际上可能仅是自欺。

但是，反恐战争的两个生物政治隐喻，一方面是传染病和癌症模式，另一方面是自身免疫紊乱，都包含着我们正在寻找的战略的替代方案，即将恐怖主义重新表达为公众健康危机而不是战争。在相当精确的意义上，这将意味着回归到夸大地使用战争隐喻的历史起源的字面基础上来设计抗击结核病、贫困和毒品的策略。这意味着不仅声明放弃战争隐喻，而且接受积极的替代方案，增强免疫系统，改进策略以确定朋友与敌人、宿主与寄生生物、当地人与外来移民之间的差异，以及加强政治体的另一个中心的生物政治组成部分，即一个"健康的体格"①。这将意味着以拥有在政治和经济上强有力的国际司法制度的

---

① 英语短语"healthy constitution"具有双关语义，既可指健康体格，也可指健全宪法。——译者注

一个世界体系形式的强有力剂量的预防药物。首要的是，这将势必造成战争模式紧缩到它的适当比例，通过将恐怖主义现实地视为一种政治犯罪问题，它的适当治疗方法要在政治体自己的免疫系统即其警察和情报系统、司法制度、为它自己的各民族提供体面生活水平的能力方面找到。因此，军事力量将是最后一招，主要集中于维护和平和为濒危人口建立安全保障。

当然，对生物政治隐喻的应用存在重要的限制，我在这里并非将它们提出作为普遍的万应灵药。生物政治相对而言很少告诉我们关于历史行动者真实而复杂的动机或者实际的民族国家和政治行动者所面临的无数问题。生物政治隐喻就像所有的图像一样，"用其思考是好的（或坏的）"，这取决于它们如何被使用。它们可以成为弗朗西斯·培根（Francis Bacon）所说的使我们误入歧途并要求人类做出牺牲的"心灵的假象"。但是重要的是要认识到它们不能被摧毁或者从政治话语中被清除，而摧毁它们的企图只会使它们变得更加强大，正如我们在反恐战争具有克隆恐怖的相反效应这一方式中所看到的。

因此，我用这些图像采取的策略是尼采所描述为的"用锤子敲响偶像，就像用音叉一样"。也就是说，敲击偶像时不是带有粉碎它们的幻想，而是带有暴露它们空洞的目标，以及（更重要的）使用它们以演奏新的曲调。生物政治的图标和隐喻有两种用途：第一，在非常普通的系统和结构层面重新构建战略；第二，专注于适合应对恐怖主义的微观战术。所谓的外科手术式打击和高空轰炸恰恰是错误的药物，我们现在转向的甚至更为密切的、承担医学负载的酷刑战术也是如此。

第5章　不可言说之事物和不可想象之事物

在我们不能言说之所在，我们必须对之保持沉默。

——路德维希·维特根斯坦（Ludwig Wittgenstein）

我们已遇到敌人，敌人就是我们。

——沃尔特·凯利（Walt Kelly）

我在约翰·霍普金斯大学的老师罗纳德·保尔森（Ronald Paulson）在对18世纪美学和符号学中的"象征性"图像与"表现性"图像进行根本性区分之时，揭示了所谓的语言与图像的深层次问题。[1] 象征性图像是作为语言的图像，正如其与语言相关联，由语言决定，用语言可读。表现性图像则是相反的——不可读的、无声的、指示性的——一种"到语言之前的原始主义的回归，或者到语言之外的不可言说的跃进"。[2] 这一区别后被发现在18世纪英国花园从"诗意的"和寓言式的花园空间发展到更为野生、更为开放、去结构化的园林和如画风景空间的过程中对其空间产生影响。

保尔森讲的课仍能与我产生共鸣，部分是因为它提醒我们语—图问题的基本辩证特征，即每一个术语与它的合作伙伴同时既形成对比又包含彼此的方式。语—图问题是图像的"内部"问题，反之亦然。我想德里达会称之为话语中的"内陷"（invagination），一种构建在普通语言中的内陷。[3] 语言是图像，图像是语言；语言是图像的一种限制，反之亦然。当我们注意到"语言未能"表现图像中含义密度的方式时，[4] 或者相反当我们发现自己不能制作或被禁止制作但我们却能提及或命名的事物——上帝、穹苍、绝对混沌或虚无的图像时，我们非常清楚地看到这种限制性特征。当寓言的或象征的图像指示一个确定的言语所指，或者（也许甚至更为戏剧性地）当言语符号本身如索绪尔（Saussure）图解的那样揭示听觉能指作为其对立面的承载者，即作为一个概念或心理图像而被嵌入言语符号结构内部的一种以图像方式被表达的所指时，我们看到语言和图像的内陷。[5]

然而，当我们注意到这种差异或分歧（différance/differend）[6]实际上是在符号和象征层面上明确表达的一种差异与在感官知觉和生产层面上明确表达的另一种差异至少两种（也许更多种）差异的复合物之时，这种语—图关系的辩证特征可能会被非常清晰地看到。也就是说，"语言与图像"是在逻辑空间中相互交叉的两个关系域的名称：（1）符号关系，如皮尔斯（Peirce）的规约符号/像似符号（symbol/icon）〔按照常规和按照相似性形成的符号，还有按照因果关系形成的指示符号（indexical sign）〕构成第三空间；（2）可听之事物与可见之事物之间的感官关系。我们看到这两个差异领域交织于一个共同的表述，如"言语与视觉媒介"，在其中言语媒介意指某种符号（语言符号），而视觉媒介指示一种感觉通道。符号和感觉在语言与图像的关系中是相互连接的，我们作为分析人士的部分工作是甚至当我们观察到它们不同的线条在表征结构中的编织时仍然要意识到它们的区别。当然，我们可以继续从其他范畴来详尽阐述这些区别——莱辛（Lessing）的时间与空间模式；尼尔森·古德曼（Nelson Goodman）所做的数字代码与类比代码之间结构的和系统的区分；福柯称之为"可说之事物与可见之事物"的考古学上的"地层"（strata）；或者拉康（Lacan）戏称为"发声"（the vocative）驱力和"视觉"（the scopic）驱力的弗洛伊德驱力（the Freudian drives）———方面激活言说/听觉回路而另一方面激活视觉领域的视觉/触觉构造的欲望。[7]

但是在这一章中我想探讨辩证的双方所接近的一个界限，即不可想象之事物和不可言说之事物的边界，亦即语言和图像无法表达的地方，在那里它们作为违反勿言和勿视法则的淫秽内容而被拒绝和禁止。我想提出这一点来讨论，从而让语言与图像的古老传统主题与当代恐怖主义问题、与语言和图像在反恐战争中的作用联系起来。我的进一步目标是将恐怖主义现象与当代图像制作技术的发展即我们一直在克隆的题目下总结的发展联系起来。

只是为了重申这本书的基本论点：图像制作和战争发动都在我们的时代经历了根本转变，这一转变可以用"克隆恐怖"这个短语来概述。我的意思一方面是指恐怖的复制或扩散往往正是在力图摧毁恐怖的行动中；另一方面是指克隆本身的恐怖或恐惧，克隆既是一种生物技术，又是生命形式无限复制的一种比喻，尤其那些被视为携带死亡或威胁身份的生命形式（诸如癌症和病毒）。

重要的是在一开始就声明，不可言说之事物的范畴和不可想象之事物的范畴绝不是分别对语言与图像领域的固定和确定限制。更确切地说，它们是同时引出和克服语言与图绘局限性、话语与展示局限性的修辞性比喻。对不可言说之事物的引出总是在大量的词语中被表达和跟进：正如德里达在一篇经典文章的标题中所表达的，这是一种"如何避免说话"（"How to Avoid Speaking"）的策略，当然与此同时未能做到避免说话，而是成功做到了说了很多。[8]不可言说之事物的比喻有很多名目：一个修辞学家可能会把它戏称为一种故抑其词以求婉达（occupatio）的形式，即宣称人们因为缺乏时间、专业知识等而"不会谈及"某些事项，这种策略通常伴有人们不会谈论的所有事情的一个相当全面的清单。或者人们可以采用否定神学（negative theology）更崇高的调子，并援引人们在形而上学和道德意义上"不能谈及"的领域，因为它超越了人类的理解力。不可言说之事物的这种说法通常是通过片刻的沉默和意味深长的停顿来表达，接着是省略号的修辞、祈祷和乞灵的修辞，以及对那些保持沉默的、看不见的、超越语言或甚至想象之事物的称呼。"我可否谈及他（Him，指上帝），那难以理解者，从来不是无罪的！"——柯勒律治（Coleridge）说道，同时承认他的罪并在同一句话中加强了它。在难以言说层级另一端的是约翰·凯奇（John Cage）在《关于无的演讲》（*Lecture on Nothing*）中的开场白："我没什么可说的，而我正在说它"——确切地说，说了45分钟。

这些不可言说或不易言说之事物[9]的修辞在维特根斯坦的《逻辑哲学论》（*Tractatus*）中的著名宣言中被凝结成一句格言："我们不能说的话，我们必须无声地说过去。"（What we cannot speak about we must pass over in silence.）¹⁰尽管一些评论家声称确切知道维特根斯坦这句话要表达的意思，但我总是觉得它是极其模棱两可的。这里的"不能"是否基于他在其他地方所称的"形而上学"的能？人们确实不能谈论某事是因为人们对它一无所知、无话可说吗？简而言之，这是否类似语法上的禁令？这种禁令告诉人们，实际上，"你可以谈论这个，但是你的讲话将是毫无意义的、荒谬的、空洞的。从这种意义上来说，它将不是言语，而仅仅是一种嘈杂的无声形式"。或者从另一方面来说，它是不是一种道德上的禁令？我不能谈及我被禁止提及的那些事物；我不能违背我内心关于我应该和必须说什么或者克制住不说什么的感觉。（I cannot speak of that which I am forbidden to mention；I cannot violate my inner sense of what I should and must say, or refrain from saying.）在后面这种情形中，介绍性从句的"不能"（cannot）实际上变成与主句的"务必（不要）"［must（not）］同义，并先行于主句的"务必（不要）"［must（not）］。这里我们可以援引犹太道德规范的第一法则，正如已故哲学家西德尼·摩根贝瑟（Sidney Morgenbesser）所表明的："可以隐含不要。"（Can implies don't.）

这里的区别在于不能说话与拒绝说话，这一区别可以通过电影《马拉松人》（*Marathon Man*）［约翰·施莱辛格（John Schlesinger）执导，1976年］中著名的酷刑场景来说明。纳粹的拷问者劳伦斯·奥利维尔（Laurence Olivier）正在借助牙医的钻头审问达斯汀·霍夫曼（Dustin Hoffman），他坚持问霍夫曼："它是安全的吗？"（Is it safe？）（安全是指从曼哈顿的保险箱中取回他的走私钻石一事）。霍夫曼甚至不知道这个问题是什么意思，更不知道答案是什么，他就如此说了，但这并不能使拷问他的人满意，拷问他的人把他拒绝回答这个问题解释为霍夫曼有所隐瞒。很快霍夫曼决定最好告诉拷问他的人他想听的话，向他一再保证说是的，它是安全的，非常非常安全。但是奥利维尔当然对此持怀疑态度，并继续折磨他，于是霍夫曼改变策略，告诉他事实上它并不安全，它是非常非常危险的。此时奥利维尔已不再知道该相信什么了，因此他继续施加酷刑（幸运的是，对于观众来说，在摄像机视野之外一个看不见但是并非听不见的场景中）直到霍夫曼的意志被击垮，他沦为动物般痛苦的嚎叫，根本不能说任何话了。此时奥利维尔感到满意的是霍夫曼"一无所知——如果他知道,他就会早说了",然后就命令手下把他处理掉。

这一恐怖场景的意义不仅只是酷刑的不可言说性——约翰·康罗伊(John Conroy)在他的书中所称为的"不可言说的行为",该书以此为书名。[11]正如康罗伊所显示的,真正的恐怖是正如通过"普通手段"[更不用说埃罗尔·莫里斯(Errol Morris)所称为的"标准操作流程"]实施的那样来上演不可言说的一幕,目的是强迫一个对象说话。奥利维尔把"白衣天使"(德语Weiss Engel)塞尔(Szell)扮演为一位关心人的、富有同情心的牙医,他在准备其器具的同时与霍夫曼闲聊自己作为一名研究生的兴趣爱好。他从不提高声音,而是在整个过程中保持冷静和不带感情,仿佛他正在探索霍夫曼头脑的内部以提取其中的内容,与此同时,电影摄制艺术通过使观众间接感受到霍夫曼不可言说之事的经历,正在把观众带入不可想象之事(在奥利维尔把他的钻头钻入一根新鲜神经里的那一刻通过溶入视听遗忘中而被传达)。在伊拉克阿布格莱布监狱制造的事件和图像强有力地提醒了我们,酷刑很少产生任何有用的信息,相反,酷刑有一种镜像或重复效应,在这种效应中,受害者只是说出施虐者所想听到的话。"我们有办法使你说话"是施虐者经常重复的言论,但这些办法往往最后制造的只是审讯者问题的重复,以及沦为含混不清的动物般的痛苦嚎叫的身体的最终沉默。

像上帝一样,创伤被认为是用语言和图像不可表征之事物。但是我们屡教不改地坚持谈论和描绘创伤,并力图以越来越生动和字面的方式表达创伤。[12]某些当代艺术作品被设计来尽可能直接地传递创伤,在无法言说和无法想象之事物中摩擦观众的脸面。大屠杀产业(the Holocaust industry)① 现在把创伤理论对不可表征之事物的崇拜与否定

---

① 大屠杀产业主要指以犹太人遭受种族屠杀之经历与记忆为主题和内容而形成的产业,带有批判意味。美国犹太裔学者诺曼·芬克尔斯坦(Norman Finkelstein)在《大屠杀产业:对利用犹太人受难经历之反思》(*The Holocaust Industry: Reflections on the Exploitation of Jewish Suffering*)一书中对大屠杀产业进行了批判,认为当代以色列和美国的犹太人都在利用犹太人遭受大屠杀这一历史,将过去犹太人受难之经历与记忆变做榨取政治与经济利益的工具,而由此获取的经济赔偿变为腐败的来源,很少的赔偿金能最终进入受难者及其后代的手里。——译者注

神学话语结合起来，以产生不可言说和不可想象之事物的一种虚拟礼拜仪式，所有这些被表达于大量的语言和图像、物体、装置、建筑物和纪念性建筑中。[13]正如吉奥乔·阿甘本（Giorgio Agamben）所主张的，"大屠杀"（Holocaust）这个术语意味着最终解决方案从其可怕现实到一种神圣牺牲的这一提升，即一种产生非常混杂结果的神化。[14]

到目前为止，我一直在谈及不可言说之事物和不可想象之事物，好像它们是同一枚硬币的两面，实际上这可能是可用于塑造它们关系的最佳比喻。索绪尔谈到能指与所指之间的关系如同一枚硬币的两面，并把它们表征为符号的两面，这两面被硬币本身分开，被既分开它们又统一它们的金属条〔或皮尔斯会称为的指示符号（index）〕分开。[15]但是不可想象之事物与不可言说之事物的关系是什么？它们如何不同？它们又如何相似？显然，两者都涉及对表征的双重禁止，即没有能力谈论或展示某物的"不能"（cannot）和拒绝谈论或展示某物的"不应该"（should not）。但是不可言说的领域与不可想象的领域有什么不同？我们如何对比这些反形象的比喻（antifigural tropes）？它们各自不同的角色是什么？

一方面，从某种意义上来说，不可言说之事物与不可想象之事物正是扮演了所指与能指的角色，不可想象之事物充当缺席的所指，即甚至不能在幻想中被想象为精神形象或概念的事物、不能被记住的事物。因此，不可想象之事物是对不可思议之事物的比喻。另一方面，不可言说的能指是外表的符号，即必须被消声或抹去的言语或可读标记。G-d 这一名称的部分抹去是这一情形的一种症状，正如使用迂回曲折的说法和委婉的说法，诸如"宇宙之主"或"最神圣者"或〔在威廉·布莱克（William Blake）巧妙的新创词语中的〕"Nobodaddy"这类短语，来"旁敲侧击地谈论"不可说出的 G-d 的名称。（类似地，酷刑的不可言说性也通过诸如"强化的审讯技术"这类委婉语而被保留。）

我们可能也会问自己：哪一个是更糟的——即更为可怕、糟糕和不可表征的——是不可言说之事物还是不可想象之事物？不可言说性是我的候选项。它是更为强调、严厉的禁止，正是因为不可言说性与其所指的行为有着最为减弱、间接和微弱的关联，所以关于暴行、种族灭绝、酷刑和恐怖的讨论才更有可能援引"不可言说的行为"而不是"不可想象的行为"的比喻，尽管两者显然都牵涉其中。这是否因为能指即仅仅对行为的提及比所指即在某种意义上行为的直接表现或图像更为远离行为？所指是符号的基础。所指是创伤本身的印记，是伤痕留下的图形印象；而能指只是表示在记忆中留下了精神痕迹的缺席原因的一种任意、传统的声音。或者它是"先验所指"，即上帝自己、否定神学的最终目标。当然，这个上帝不能用图像来表征，事实上这样做会立即违反第二条诫命的双重禁令：你们不能也切勿制作上帝的神像（或者实话实说，其他任何东西的神像）。但是，为了避免"徒然使用"上帝的名称而继续诫命，因有无论如何谨慎和间接地谈论上帝的可能性而看似合格的和软化了。那么，可言说之事物是更软弱、更间接、更疏离的表征形式。[16] 因此，如果甚至它是被禁止的，如果一个人甚至不能提及所指的名称，危险似乎在比例上更高。

但是我认为，我们只有把不可言说的事物与不可想象的事物之间的真实对比从索绪尔的能指/所指关系图所提出的外部/内部、物理/心理二分法中移开，把硬币的两面同时放置于一个公共空间，才能看到二者之间的真实对比。我想要提供以下的简单图解，作为对不可言说之事物/不可想象之事物这枚硬币的两"面"的相当字面上的表达。我要你们想象一下，硬币的一面有两只眼睛，嘴上画有一块封口布，硬币的另一面显示一张嘴，双眼上画有一块蒙眼布。硬币的一面能看但不能说；另一面能说但不能看。哑言和失明是不可言说和不可想象之事的两面，然而，它们不是被理解为自然的、物理的状况，而是被理解为强加的和人为的状况。（我暂时把听觉和触觉的相关感觉放在一边，在拉康的发声驱力和视觉驱力模式中它们被要求完成每一个驱力的回路，想象是作为被延伸的触觉的一种形式，而言说是作为包括双耳在内的"发声回路"的一部分。）我会要你们牢记被封住嘴和被蒙住眼的脸这一双重形象，作为到现在太过熟悉的戴头罩恐怖分子嫌疑人图像中被表现为无助的和匿名的酷刑受害者的一个略图象征。这种头罩同时既充当封口布，又充当蒙眼布，反映了施虐者为了向受害者和公众隐瞒他们的身份而通常佩戴的作为面具的头罩。对发声驱力和视觉驱力的这种阻碍，当然是在反恐战争最低谷时在电视上和互联网上流传的斩首场景中收到其最确实的表现。甚至当这些场景象征言语和想象的最终禁止时,它们自身是"不可言说的"和"不可想象的",虽然本身受到对美国电视的审查,而它们却在互联网上广泛流传。

　　一种关于不可言说和不可想象之事物的进一步思考如下:作为修辞,它们是话语流中的转向,在言语和景象的时间性展开中突然转向。[17]直率地说,不可言说和不可想象之事物总是暂时的。这意味着它们既存在于历史时间中,也存在于正展开话语的散漫时间中或个人经验的时间性中。曾经是不可言说和不可想象的事物总是一个变化的事情、即将到来的一个言语和一个形象的事情——通常是相当快的。如果我告诉你不要去想你母亲的脸或名字,你将不能阻止你自己想起她的形象和名字。如果你宣称上帝是不可表征的,那么你也宣称你自己是关于上帝真相的代表;你对上帝的不可表征性做了一个表征即一个权威声明。如果你宣称某物是不可见的、无法进行视觉成像的,那么有人(通常是艺术家或科学家)将会找到一种描绘它的方法。[18]如果你禁止某物被展示,把它隐藏起来远离视线,那么它作为一个被隐藏形象的力量将会超过它通过被展示本可能实现的任何事情。那么我们总是应该说,这是不可言说的或不可想象的——到现在为止。反对用语言或图像来表征某事物的法律实际上必须总是打破自己,因为该法律必须命名、描述、定义——也就是说,表征——它所禁止的事物。这就是为什么法律在表征其所禁止表征的事物时是如此地节俭和谨慎。反对色情作品(不可言说的、不可想象的淫欲、施虐欲和兽性行为)的法律因此转而依靠"当我看到时我便知它"的套话,以避免具体说明(从而激励)被禁止的行为。[19]神圣的事情与邪恶的事情、终极的善与终极的恶都栖居于人类想象的极端地带,它们是我们不能或不应谈及的,也是我们当然不应用视觉图像描绘的。

　　我希望所有这一切与恐怖的关系正变得清晰起来,恐怖把神圣之事物与邪恶之事物融合在一个不可言说和不可想象的复合体之中。恐怖分子是一个神圣的战士还是一个恶魔,这取决于你的观点或者你的历史定位(昨天的恐怖分子是今天光荣革命的英雄)。恐怖也是不可想象之事物的符号学和美学与不可言说之事物的符号学和美学的蓄意结合。你不能想象有任何人正这么做而且走得这么远吗?你认为那难以名状的恐怖和那无法描述、不可言说的行为不能被命名、描述和再现吗？恐怖分子讲着不可言说之事的语言。他们表演和上演不可想象之事。他们作为语言和图像即暴力的象征形式的生产者的行为比他们实际的身体暴力行为更重要得多。诸如战争或警察行动这类战略性暴力形式对他们的全部本领并不是必要的。恐怖的主要武器是暴力景象即破坏的图像，或者图像的破坏，或者两者兼而有之，就像在它们所有当中最强大的景观即世界贸易中心的破坏中一样，在世界贸易中心相当蓄意地上演了一场对一个凭借自身成为偶像的全球可识别偶像的破坏。随着该图像而被吞噬的那些人成为附带的损害，即无关紧要的"上帝的敌人"（enemies of God）。或者他们是神圣的祭品，而他们的无辜正是关键所在。从恐怖分子的立场来看，他们的无辜使其成为合适的牺牲品。从反恐的立场来看，他们的无辜证实恐怖主义事业绝对的、不可言说的邪恶和非正义。[当然，在国家恐怖主义中普遍存在一种被称为"附带损害"的中间的折中立场，这种立场虽然表达了对无辜生命丧失的遗憾，但是却声称在关于有罪恐怖分子死亡人数的（通常）无法证实的说法中的一种在统计上的正义。参见前一章中有关死于轰炸和无人机的无辜平民的很高比例。] 无论怎样，恐怖主义暴力的目的不是杀死敌人本身，而是用一种创伤性景象来恐吓敌人。"震惊与威慑"是将非国家恐怖主义与国家恐怖主义结合起来的策略，在这两种情况中，这种创伤性景象都可被合理化为一种人道的克制行为。与其杀死大量的民众，不如通过让他们遭受令人震惊的毁灭展示来"给他们传递一个信息"，这就足够了。[20]

因此，恐怖主义是一场由媒体所携带的文字与图像的战争，是一种心理战的形式，其目的是使敌人的士气低落，而不是直接摧毁军事人员或装备。[21] 我的意思不是说这不是一场真正的战争，而是说这是一种非常古老的战争的更新版，这种战争主要是通过象征性的暴力姿态进行，试图通过心理上的恐吓而不是身体上的胁迫来征服敌人。恐怖分子不占领领土，他们使暴力失去了地域性，使暴力可能在任何地方发动袭击。恐怖的随机性和不可预测性，加上其过度确定的象征意义，产生了一种不同的战场，即一种没有前线或后方的战场。当然，所有这一切都意味着传统的军事手段，尤其对领土的长期征服和占领，在

图11 《纽约时报》（2002年9月25日）上的反战广告《奥萨马大叔》（"Uncle Osama"），承蒙汤姆·潘恩在线杂志（TomPaine.com）提供。

反对恐怖主义方面是绝对无用的（就像精神分析的谈话疗法在治疗精神病方面比无用的更糟）。从这个角度来看，传统的军事"反恐战争"的整个概念是相当不连贯的，混淆了一种战争与另一种战争。正是这种不对称的战争注定不仅要失败，而且实际上还会增强发动战争所反对的敌人的力量。

　　反恐战争的徒劳性和不连贯性在来自美国入侵和占领伊拉克的不可言说和不可想象的景象中变得惊人地明显，一幅雄辩地预测了入侵结果的图像已经预料到了这一点（参见图11）。这是共同事业组织（Common Cause）[①]对在美国报纸上流传的山姆大叔海报的恶搞，海报上有奥萨马·本·拉登"大叔"的形象，他正用手指指着潜在的新兵，

[①] 共同事业组织（Common Cause）是美国最著名的公共利益集团之一。该组织由约翰·加德纳（John Gardner）于1970年创立，总部设在华盛顿特区，目前拥有近30万名成员和38个地方组织，领导层来自美国社会上层，其成员主要是接受过良好教育、收入较高的社会阶层，其宗旨在于反对政府腐败，使公众权益能够得到真正保护，使美国政府和政治过程更加民主、公正。——译者注

并宣布"我想要你们——入侵伊拉克"。正如美国"反恐沙皇"理查德·A. 克拉克（Richard A. Clarke）① 所指出的，这幅图像在一个强有力的形象上凝结了基地组织的意图，在奥萨马·本·拉登的著作中明确地这样表达："基地组织所梦想的为了宣传其运动的要素是一个正在袭击一个更为弱小的穆斯林地区的基督教政府，允许这个新的恐怖组织召集来自许多国家的圣战分子来援助其宗教同胞们。"[22]这个梦想在伊拉克实现了。奥萨马大叔通过模仿山姆大叔来宣传他的运动，山姆大叔正在号召美国青年参加一场为了民主和自由的圣战即一场反抗邪恶的圣战。美国军事动员的国家图标被其神秘的替身或邪恶的孪生兄弟即恐怖主义的头号恶魔所映照。人们几乎不能想象比沃尔特·凯利在《波戈》（Pogo）连环画中的著名台词更完美的更新："我们已经遇到了敌人，敌人就是我们（us）"——在这种情况中，这也许应该重写为"美国"（U.S.）。

但是这幅海报也是入侵伊拉克的自身免疫特性的完美象征。你们会回想起，免疫系统就是通过试错（trial and error）而起作用，克隆新的抗体，直到它以钥匙与锁相匹配的方式找到一个与入侵抗原相匹配的抗体。当身体正在寻找对抗普通感冒的合适抗体时，这个过程就会进行。当合适的匹配被发现时，免疫系统会通过克隆那些抗体并记住"钥匙"的形状来复制那些抗体，这实际上就是免疫所意味的内容。抗体与抗原是不相同的，抗体是抗原的镜像对立面或者阴性相似物。在这种情况中，美国免疫系统（美国军队）的化身山姆大叔被转变成美国政治体及其宪法的敌人奥萨马大叔。共同事业组织的图像不仅巧妙地表现了布什政府落入基地组织所设陷阱的反常性无知，而且暴露了构成整个诡计的基础的系统性生物政治逻辑。

这使我回到克隆的问题上来，克隆乍一看似乎与不可言说之事物和不可想象之事物的问题相距甚远，更不用说恐怖的问题了。然而，正如我们所见，克隆是在我们的恐怖时代里在语言与图像之间流传的关键形象。重复总统生物伦理学委员会前任主席莱昂·卡斯的声明，克隆是一个"本能的恐惧和厌恶"对象——不可言说和不可想象之事

---

① 美国白宫前反恐专家理查德·克拉克曾有"反恐沙皇"之称。——译者注

物的形象。[23]正如我们在关于克隆恐惧症的讨论中所看到的，克隆更新了所有关于图像制作、模仿、重复、镜像和复制的古老恐惧症。最初给在西奈山上的摩西（Moses）关于禁止制作"神像"的禁令实际上是一条旨在防止生产活态图像即人工生命形式的律令，这些活态图像中最强有力和最致命的是偶像，这一图像凝结了对不可表征的上帝进行表征的集体渴望。[24]简而言之，克隆人是我们的时代里不可想象之事物的活态图像，要谈及克隆人，很难不陷入影响有关恐怖主义的讨论的形而上学的、道德的确定性之相同基调中。[25]克隆人和恐怖分子的形象分别被神秘地映射为戴着头罩和面具，这种映射统一于他们不露面容的藏而不露，又把他们结合为不可想象之事物的孪生图标。他们共同体现了对活态图像的生产和破坏的双重焦虑，分别是：克隆人体现了对生物拟像的恐惧，对与癌症、病毒、瘟疫和自身免疫紊乱有关的生物体的不受控制增殖的恐惧。恐怖分子是破坏偶像和破坏活态图像的这种形象，从字面上看是以人体的形式，从隐喻上看是以对纪念物破坏的形式。克隆人与恐怖分子结合为吉奥乔·阿甘本所谓的"神圣人"（homo sacer）① 形象，即可能因其配件而被肢解、因其被隐藏的知识而被拷打、被杀死或被派去执行自杀任务的人。[26]

克隆人和恐怖分子的图像体现了我称之为"生物图像"的新象征性复合体，即在反恐战争和克隆战争时代已出现的一种新技术科学图像与图像恐惧（尤其宗教图像恐惧）的融合体。我们用基于自身免疫和传染病比喻的社会模式的生物政治模式一直在讨论这个概念，即把恐怖主义描述为一方面是外来入侵、另一方面是内部威胁的主要隐喻，以及把克隆人描述为一方面是不虔诚的可憎之物、另一方面是对自然法则的违背的主要隐喻。我现在想转而谈谈可称为反恐战争的"想象的博物馆"（musée imaginaire），即一个具体、可见的生物图像展览馆。

---

① 拉丁语"homo sacer"的字面意思是"分别的人"，通常译为"神圣人"或"牲人"。"神圣人"是罗马法中的一个刑法概念，这样的人一方面被驱逐出人类社会，因此不受法律保护，任何人都可以杀死他而不构成犯罪；但这样的人另一方面又被视为神圣的，专属于某个或某些神祇，因此不能用作人祭的祭品。意大利思想家吉奥乔·阿甘本详细分析了"神圣人"，认为这样的人是最基本的没有善恶的生命形态，并将这种时刻暴露在死亡威胁下的生命称为赤裸生命。——译者注

这些图像是不时打断并构成战争记忆档案的图像，它们当中的一些是令人难忘的，就像双子塔毁灭的图像。其他图像如［科林·鲍威尔（Colin Powell）的幻影卡车、萨达姆·侯赛因的牙齿检查；"使命已完成"人偶、仿生阿布格莱布男子、iRaq/iPod（伊拉克/苹果播放器）］很可能会被大多数人遗忘，但是这些图像幸存于档案中，有时也幸存于艺术品中。还有一些图像，主要是阿布格莱布监狱的照片，会周期性地、几乎是季节性地消失在人们的视线之外然后又回归，就像在诺曼·洛克威尔的《发现》（参见图1）中从父母的壁橱里溢出来的淫秽的圣诞礼物一样。

　　这其中很多都是我们宁愿忘记的图像。这些图像把不可言说和不可想象之事物带到了我们视野中。它们也披露了普通的、日常的、正常的事——那些证明一直是"标准操作流程"之事（要回想埃罗尔·莫里斯有关阿布格莱布监狱的纪录片标题）——越多的文件出现以解释它们，越清楚的就是这些流程来自美国政府的最高层。为什么现在要看它们呢？关于它们的一切不是都已说尽了吗？相反，可以理解的奥巴马政府展望未来之愿望与大众传媒的健忘症和一个民族拒绝对以他们的名义所做的可怕事情承担责任的太过人性的倾向不谋而合。这是当我们把某事称为不可言说和不可想象之事时我们所指的事之一。但是为了这些图像可能提供的无论什么认知震惊，美国公民都有道德义务去面对它们。至少这些图像可以充当诊断工具来理解美国和世界仍在试图从中觉醒的历史噩梦。我们原本不可能想象之事物已经变得太可想象了，而不可言说之事物已经变成我们被迫谈及之事物。

第6章 生物图像

　　图像像标本一样，是形象的载体；而形象像物种的基因库一样，构成物种的一套复制因子。根据这个概念，正是这些形象在形式上是活态的，尽管对于大多数实际的日常用途而言，形象复制因子与其图像载体是不可分的。

　　——诺曼·麦克劳德（Norman Macleod），《形象、象征、类型和模因：关于图像学模仿的视角》（"Images, Tokens, Types, and Memes: Perspectives on an Iconological Mimetics"）

　　那些由鲜活图像生产的图像。

　　——W. B. 叶芝（W. B. Yeats）

　　在1992年我创造了一个短语"图像转向"（the pictorial turn），这个短语已经在对文化、社会和政治的批评中被广泛采用。[1] 我的想法（几乎不是一个原创想法）曾是：无论是在流行文化中（在其中"形象就是一切"是当时的口头禅），还是在艺术、媒体、文化理论和哲学的研究中，从语言到图像的转向似乎正在发生，图像已经成为一个明显的问题。换句话说，理查德·罗蒂（Richard Rorty）的"语言转向"（linguistic turn）正被另一种转向接替，这一次是转向跨媒介的图像、形象和图标符号。这个想法被给予了其他的阐述——戈特弗里德·伯姆（Gottfried Boehm）的"图标转向"（iconic turn）和被称为"视觉文化"或"视觉研究"的一门新发明的原始学科的"视觉转向"（visual turn）。[2]

因此，图像转向的概念是一个混合的概念，结合了特定历史事件的概念与反复出现的现象的概念，这个概念可能是人类社会的一个永久特征。也就是说，对形象和图像的焦虑，即对人们正"转向"一个虚假的、诱惑的、危险的形象的担忧，似乎是一种长期存在的文化现象。在整个历史中，从第二条诫命中所表达的图像制作禁忌，一直到当代关于克隆的争论，都可以发现这样一个文化现象。那么，重要的是把图像转向理解为一种既是共时的又是历时的概念，即一种反复出现的现象，然而是一个从未表现为形式完全相同的现象。文艺复兴时期人工透视画法的发明和19世纪时摄影术的发明都是图像转向的版本，但它们却以实质上不同的方式发生了。

在过去20年左右的时间里，图像转向的一个新版本已出现了。它是转向"生物图像"，或者（更准确地说）"生物数字图像""生气勃勃的"图像——即通过生物学和信息的技术科学而被赋予运动和生命外观的图像。计算机和基因工程的双重发明在古老的图像转向的比喻中产生了一个新的转变，尤其是在把图像比作生命形式的图像的那个方面——反之亦然。重要的是要看到，不仅仅是图像总是被比作生命形式，而且生命形式同样通常地被比作——甚至构成——图像，这在"物种"（species）和"标本"（specimen）的概念中尤为明显，这两个术语的词根"镜面的"（specular）揭示了视觉成像在分类学中的中心地位。[3]图像与生物体的隐喻性关系是双向的，在某种程度上与生物体和社会之间的双向隐喻性惊人地相似。图像是对生命的模仿，而生命形式是由可见的形式同源性联系在一起的"镜面的"实体：我们一眼就能看出一片橡树叶像另一片橡树叶，一匹马像另一匹马，尽管一个种类的成员之间存在许多个体差异，但它们属于同一个大类。那么，物种就如同类属形象，以此分辨出能在不同的个体标本中被重复的类型和模式。反过来，这些标本又像图像，即一个物种/形象的具体的、物质的实例化。当我们说孩子是其父母的形象时，我们在援引同样的暗喻，这一次是就维特根斯坦所说的"家族相似性"而言，而不是一个物种成员之间更普遍的相似性。[4]因此，形象之于图像，正如物种之于标本，或者家庭之于成员。

图12　史蒂芬·斯皮尔伯格的《侏罗纪公园》（1993年）剧照，描绘一种"数字恐龙"或者一种身体侧面上投射有DNA编码的迅猛龙。

生物图像的基本比喻与米歇尔·福柯所说的"生物权力"和"生物政治"具有明显共鸣，后者是他使之与政府对身体和人口的控制联系在一起的政治变革。福柯认为，当现代民族国家走向关注提高和控制其人口的"生命"（不同于君主对死亡工具的传统否定权力）时，我们就进入了生物政治的时代。[5]从生物图像概念的立场来看，这是对政治的一个基本条件的更新，即对生物产生和施加权力，对诸如代议制民主、新自由主义经济学和强调种族优生学的法西斯极权主义等新政治制度的出现十分敏感。但是它对新技术的兴起也很敏感，特别是信息技术和生物技术的兴起，这些技术通过对疾病和遗传病的统计跟踪，为个体身体（生殖、性和基因操纵）工程和人口工程都提供机会。在人口减少为数据库的同时，身体成为日益激烈干预的场所。但是正如我所指出的，这类最具戏剧性和象征性的创新是克隆的发明，克隆结合了信息科学革命与生物技术革命以期开创一个"生控复制"的时代，即一个承诺在字面上和技术上实现生物权力和生物政治的许多预感式幻想的时代。在图像制作层面，数字成像的到来预示着这种创新，就像基于化学的摄影术的发明对手工图像制作产生了深远的影响一样，数字成像对视觉表征产生了同样深远的革命性影响。在不到两个世纪的时间里，人类已经从手工图像制作发展到机械图像制作，再到数字图像制作，对媒体、日常生活及图像概念本身产生了决定性影响。这种转变的主要征兆就是我想称为的"生物数字图像"。

在20世纪90年代第一部轰动一时的电影中，一个关于克隆的科幻寓言宣布了生物数字图像的到来。史蒂芬·斯皮尔伯格（Stephen Spielberg）执导的《侏罗纪公园》（Jurassic Park）将这整个概念凝结入一个令人难忘的生物控制论自由生长的场景。[6]这一时刻显示在一只皮肤上投射有DNA代码字母的迅猛龙（velociraptor）的场景剧照图像中（参见图12）。在电影的叙事中，这只迅猛龙刚刚闯入了恐龙公园的电脑控制室，并偶然地打开了载有公园定向片的电影放映机。管理公园的恐龙克隆的DNA代码字母正被投射到该迅猛龙的皮肤上。因此，这幅剧照在单一图像中显示了这部电影的整个前提：恐龙已从灭绝的DNA中被克隆出来，以前只存在于图像再现或雕塑再现中的生物现已确实被复活了，不是死而复生，而是物种灭绝后的复活。这些不仅仅是作为图像的恐龙"幽灵般的"或甚至物质的复活，换言之，而是这一切都太真实、被具体表现和有血有肉了。

但是，当然我们同时也知道这种"字面的"和"真实的"复活只是一种虚构，这些图像只是屏幕上的影子。这些图像预示了一种可能的将来[7]，在那样的将来，通过克隆，灭绝的动物可能被复活；这部电影并非表现当前的现实，[8]它的确含蓄地暗示了当前的现实是拍摄这部电影期间电影动画发生了非常真实的技术突破。《侏罗纪公园》开创了基于机器人技术、电子动画制作技术和泥塑动画的模拟动画片制作技术向数字动画片制作的转变，这一过程使得从"真人实景拍摄"到动画片制作的无缝移动成为可能，并催生了一种完整类型的长篇动画电影。通过类比，恐龙表皮上的生命代码的揭示表明使恐龙的电影动画成为可能的数字代码的揭示。[在此我们可能会回想起早期计算机上标记为"Reveal Codes"（显示代码）的那个危险密钥，它向那位一无所知的用户戏剧性地揭示了位于她正在操作的语言符号或视觉符号表面之下的ASCII代码（美国标准信息交换码）迷宫]。据我所知，这是生物数字图像或简而言之"生物图像"的第一个明确的化身,我理解这指的是生物控制论时代[9]即克隆和计算时代里图像生命的新条件。那么,生物图像就是图像更古老的"幽灵"生命(神秘事物、幽灵般事物)与一种新的技术生命形式的融合,以当代的克隆现象和数字成像及动画片制作的发展为缩影。

　　生物图像的第一个实例碰巧也是一个恐怖形象。"恐龙"这种动物的英文名字"dinosaur"结合了希腊文中表示恐怖(deinos)的单词与表示蜥蜴(sauros)的单词,从而构成"恐怖的蜥蜴"这样的名字。我们在这个场景中观察到的特定物种是迅猛龙,即能用其灵巧的爪子操纵门把手的一种新型数字恐龙(digital dinosaur)。迅猛龙与更古老、更熟悉的物种如霸王龙形成对比,迅猛龙不是过时的象征,而是当代创新和快速适应的象征。迅猛龙是一种新的、现代化的恐怖形式,早在它们作为反恐战争中的敌人出现之前就已出现于电影的动物寓言中。

　　当生物图像遇上全球反恐战争时会发生什么?最明显的结果是图像在战争中的作用成指数增加。图像以令人目眩的速度在地球上迁移,要隔离或审查它们变得更加困难;它们比以往任何时候都易发生更快速的突变。如果携带微生物的人体在航空旅行时代比以往任何时候都更快速地环游地球,导致如猪流感的周期性暴发,那么互联网上的数字图像在全球的传播甚至会更加致命和快速。难怪在生物图像时代的图像传播经常被比作一种传染病,在这种病中,侵入性生命形式的生长和变异速度比我们的防御系统能进化以击退它们的速度更加快速。过度使用抗生素的悖论确实在于抗生素通过淘汰较弱的菌株可以加速危险细菌的进化,从而使耐药细菌更快速地繁殖。像反恐战争一样,抗击疾病的战争如果不被明智地进行,实际上可能会产生使敌人更强大的效果。但是正如我们所见,最常见的代表恐怖主义传播的隐喻也是基于疾病,诸如病毒、癌症、休眠细胞和自身免疫紊乱。就像生命形式与图像一样,恐怖主义与克隆仿佛被锁定于一种相互类比的关系中。

图13 乔治·卢卡斯的《星球大战》第2集《克隆人的进攻》（2002年）剧照，描绘被克隆的突击队员的行进。

那么，恐怖分子和克隆人就是我们这个时代里图像转向的相互构成的形象。正如我们在前面的章节中所指出的，这就是为什么恐怖分子通常被描绘为克隆人，即一个不露面容的、戴头罩的、匿名的机器人，类似于病毒、癌症或"潜伏"于其宿主体内的休眠细胞的一种没头脑的、病态的、自杀性的生命形式，在我一直描述为一种社会政治形式的自身免疫紊乱中使身体的防御能力变成与身体自身对抗。[10] 相应地，克隆人则体现了许多伦理、宗教和审美的恐惧：人类沦为仅仅是工具或商品（吉奥乔·阿甘本所说的"赤裸生命"）；[11] 通过技术"扮演上帝"的不敬尝试；对很快导致不受束缚的同性恋生殖幻想的无性别差异生殖的恐惧；颠覆了可靠地区分花花公子或娘娘腔刻板印象的富有男子气概的男同性恋（通常被称为"克隆人"）的形象；[12] 由克隆技术引起的对堕胎的恐惧，克隆涉及为了创造新的生命形式而破坏一些人当作胚胎有机体的东西；对"可怕的替身"或"邪恶的双生子"的恐惧，他完美地模拟"供体"或"亲体"有机体，并威胁要用一个由外星人、变种人或复制人组成的新种族来取代它。[13]

在乔治·卢卡斯的《克隆人的进攻》中，列队走向死亡的大量匿名的突击队员是旧时的现代主义者对群集（the crowd）和大众（the masses）的恐惧的一种更新。[14] 现代的观点是一个群集中的个体会失去他们的个性，但是当他们离开群集时又会重新获得个性。对于被克隆的大众，这样的背离是不可能的；甚至单独地、私下地而言，被克隆

图14 戴着面具的巴勒斯坦战士（谷歌图片搜索，2004年6月）。

的军队中所有成员都是完全相同的双胞胎。再者，这不只是他们看起来相同或者在外在行为和着装上是一致的，而是他们就是相同的，在构成他们的无形遗传代码的层面上他们就是彼此的深度复制品。"他们"不是克隆人们（复数）；"他们"是"一个"克隆体（集合名词单数）（参见图13）。

图15 《世界新闻周刊》网络摘录《蹒跚学步的恐怖分子!》（"Toddler Terrorists!"）（2005年9月23日）。

那么，戴面具的突击队员的真正恐怖性并不是面具下隐藏着的某种可怕的脸，而是当面具被摘下时，这张脸可能是能够混入我们当中并使我们与自己为敌的一个完全普通的人的脸（参见图14）。正如我在第3章《克隆恐惧症》中所指出的，克隆羊多莉的形象令人害怕，不是因为她是一只披着羊皮的狼，而是因为她是一只披着羊皮的羊，不可能通过视觉的或甚至基因的检查与"真实事物"区分开来。较之于被简单描绘轮廓的外星人或者正如种族主义刻板印象会描述为"看起来全都相像"的"种族他者"，克隆人代表着一种甚至更深重的威胁。克隆人们不必看起来彼此相像（因此，没有描绘轮廓的固定模式可用），但是他们很可能看起来与我们完全相像，因此他们是无法区分和无法分类的。就像恐怖一样，克隆把这一图像作为相似、相仿和复制的形象的逻辑带到毒力、毒性和潜在隐形的极限。

也许关于恐怖分子作为克隆人（反之亦然）最生动的幻想是网络小报《世界新闻周刊》（*The Weekly World News*）上的一篇报道，报道称"伊朗和叙利亚的疯狂毛拉们（mullahs）"① 正在从"曾经组成阿道夫·希特勒精锐保镖的冷酷无情的纳粹党卫军的DNA"中克隆"幼童恐怖分子"（参见图15）。[15]

中央情报局的"消息人士"（身份不明）被引用来强调，"这一计划最阴险的部分是这些杀手看起来不像阿拉伯人，没有任何传统的种族轮廓描绘形式能起到甄别他们的作用。"这支"由'优良的'德国勇士组成的无敌军队"将被训练得会讲带有美国口音的英语。"受人尊敬的以色列历史学家和情报专家"阿维夫·希姆森（Aviv Shimson）提供了纳粹德国与中东恐怖分子之间的联系，提醒我们纳粹最"臭名昭著的盟友"之一是耶路撒冷的大穆夫提（Grand Mufti）② 哈吉·阿明·

---

① 毛拉是阿拉伯语音译，原意为"先生""主人"，是伊斯兰教教职称谓，用来称呼伊斯兰教的教士。毛拉也是一些伊斯兰国家和地区对伊斯兰教学者的尊称。——译者注

② 穆夫提是阿拉伯语音译，意为"教法解说人"，是伊斯兰教教职称谓，即教法说明官，职责为咨询与告诫。穆夫提在伊斯兰社会生活中具有崇高的地位。一些伊斯兰国家设有国家级总穆夫提或大穆夫提，负责有关教法问题的解答，参与国家重大决策活动。有些伊斯兰国家的穆夫提起到国事政策顾问的作用。地区性的穆夫提一般都参与重大法律决定，起到一方领袖的作用。——译者注

艾尔－胡赛尼（Haj Amin el-Husseini）。伊斯兰法西斯主义与纳粹德国的反犹太人和反美联盟仅只是在等待人类克隆的技术突破以生产隐形的雅利安军队。

尽管克隆与恐怖主义的这些联系看起来可能是奇异的，但是如果它们没有引起美国民众中某种程度的历史现实和集体幻想，它们将不会具有任何功效。正如第 2 章中所指出的，始于 2001 年的当前恐怖主义时代是在美国关于克隆与干细胞研究的全国性辩论的背景下开始的。克隆问题被恐怖主义袭击的肇始暂时掩盖了，但它似乎在世界贸易中心的废墟上盘旋，就好像在受害者被毁灭后的数周空气中悬浮着的灰色骨灰中含有他们的 DNA 遗迹一样。参见凯文·克拉克（Kevin Clarke）和迈克尔·科拉隆（Michael Collarone）为这一图像的图形文字化而制作的照片拼贴（参见图 18）。

反恐战争与克隆战争在图像与隐喻层面上的汇聚，一方面在小报的幻想之间传播，另一方面在总统生物伦理学委员会的清醒审议之间传播。把这些描述为图像战争或反图像战争，绝不是否认它们的现实性。相反，这是采取一种针对恐怖主义的现实观点，将它视为一种心理战的形式，具体而言就是一种对图像，尤其是对破坏图像（images of destruction）的使用，通过大众传媒对集体神经系统造成创伤，并使想象与它自身对立。这也是要采取一种针对克隆的现实观点，一方面将其视为一种实际的生物过程，另一方面将其视为幻想、虚构和隐喻的对象——特别是作为一种对图像制作本身的隐喻。

如果反恐战争是由在 9 月 11 日制造破坏图像而发动，那么它是在从占领伊拉克到在阿布格莱布监狱拍摄虐囚图像的一整个系列的标志性时刻中进行的。我想要在这些图像中追溯一种表达生物图像逻辑的模式。这不仅是注意它们作为一种互联网流通功能的活力的问题，而且它也与图像的形式和内容有关，具体而言，就是在无限期繁殖生物体的意义上恐怖分子作为克隆体的形象，以及（甚至更令人不安的）作为反恐战士的"替身"、双生子或镜像；恐怖景象作为偶像破坏，（建筑的、雕塑的和身体的）图像的破坏和毁损，自相矛盾地作为在一个上演的景象或"拍照时机"中的一个新图像的生产；不露头部、不露面容、戴头罩形象的反复出现，或者让·鲍德里亚所谓的"无头的克隆体",即一个没头脑的"备件"仓库或者一个没有意志或能动性的机器人;人类形式被简化为"赤裸生命",以及审查、禁止和遏制这些简化图像的(通常是徒劳的)企图。最后,我将以对阿布格莱布监狱照片的沉思来结束,我认为,这些照片定义了这个时代的某种终结,尽管在我写作之时,它的后果仍然在逐渐显露。

双生子

仿佛建筑……现在仅仅是克隆的一种产物。

——让·鲍德里亚

纽约世界贸易中心的毁坏提供了迄今为止 21 世纪最令人难忘的图像,注定要作为我们时代里战争和恐怖的主要象征而加入图标性的蘑菇云,在世界贸易中心身后留下一个被称为"归零地"(Ground Zero)的空间,这个标签将它与原子弹(相当不准确地)联系起来。双子塔的"双生性"及其毁坏已被频繁地指出:通过两个撞击时刻和两个倒塌时刻,毁坏图像最初加倍,接着是对有关这场灾难的每一个细节、每一个可以想到的视角的无限期的加倍和再加倍。当然,双子塔本身被理解为其相同的双生性和彼此无脸及无头的图标性形式。让·鲍德里亚把双子塔比作数字信息的持有者,即"穿孔卡片和统计图表","仿佛建筑就像系统一样,现在仅仅是克隆的一种产物以及一种不变的基因代码的一种产物"。[16]世界贸易中心已经是一个全球的象征,它凭借自身就是一个"世界图景",又是图像转向的"生物数字"时刻的一个缩影。[17]双子塔的毁坏自从建造它的那一刻起就被预言了,在灾难影片中被反复上演,甚至在 20 世纪 90 年代初就被尝试过。

双子塔的毁坏是偶像破坏("他者的偶像"破坏)的一种典型行为,作为一个反偶像(countericon)的创造,以其自身的方式,已经成为比它取代的世俗偶像更强大的一个反偶像。在这方面,这些破坏图像正是遵循了几年前塔利班在破坏巴米扬大佛时所设定的模式。塔利班把这些在阿富汗不再有任何与之有关的宗教崇拜的相当无辜的雕像看作主要因西方对保护它们的兴趣而具有的偶像崇拜或拜物教特征的象征。在巴米扬大佛被破坏前不久，一位年轻的塔利班知识分子到美国旅行，他耐心地解释说，炸毁它们的原因只是"因为西方如此多地在意它们"。[18]对巴米扬大佛的破坏戳了一下西方的眼睛，并且在被自豪地展示的挂历艺术（calendar art）中成为塔利班自己影像复制的主题。[19]尽管塔利班宗教极端主义者禁止相机、照片和神像，但他们乐意为破坏大佛的图像破例，这证明生物图像的基本逻辑之一：一个图像的破坏也可能是一个图像的生产（参见图16）。

图16　展示巴米扬大佛遭毁坏的塔利班挂历艺术

这种逻辑在美国处理双子塔毁坏事件时也起着作用。该遗址立即被宣布为"圣地"（hallowed ground），受害者被封为英雄和烈士。这是类似于将最终解决方案从可怕的灭绝计划提升为"大屠杀"的一个过程，即一种神圣的献祭，严格地说，是一种"燔祭"（burnt offering）。该圣地的纪念碑化然后继续进行类似的宏伟计划，最著名的是丹尼尔·里柏斯金（Daniel Liebeskind）① 提出的（后来被放弃的）"自由塔"（Freedom Tower），该塔正好为1776英尺高，带有诸如"英雄公园""世界花园"和"记忆的永恒基础"等特征，作为对创伤产业的一种强制性讽喻贡献，甚至会超过他设计的柏林犹太博物馆。[20]

但是这座"自由塔"永远不会被建造出来，"9·11"事件八年之后，"9·11"的合格纪念碑仍然没有到位。对这一事件未完成的纪念证明哀悼的失败，即无法找到一种同时既能放下又能记住的方法。该遗址仍未完工，建筑未能获胜，这在某种程度上是合适的，而在原来这个地方却在进行着一种永恒的工作——及偶尔的倒退。即使当不可避免的建筑物在该遗址上矗立起来时，它也很可能仍然是一个伤口、一个等待被重新唤起的未愈合的、未解决的创伤。

图17 安东尼·马夫拉克斯牧师：《铭记》（"Remember"）（未注明日期），它是十诫双碑图，作为纽约世界贸易中心双子塔的纪念碑。承蒙安东尼·马夫拉克斯牧师提供。

---

① 丹尼尔·里柏斯金（Daniel Liebeskind）是柏林犹太博物馆的设计者。——译者注

也许这就是为何该遗址的主要介导是图像的原因。每个人都随身承载着破坏图像——双子塔的倒塌、第二架飞机的图像、坠落的人体、混乱的废墟的一些印记。每个人都认识到这些图像使人们想起他们已在电影中看到之事的方式。当图像像这样失败时，我们可以从一种美学视角称之为崇高，或者从心理学的立场称之为忧郁，也许它们在某种层次上达成同一。对弗洛伊德来说，正是哀悼的失败留下的只有忧郁症，即要释怀、要安葬死者、要回归生活的无能为力。这并不是说这种创伤比大屠杀更不能被表征。问题恰恰相反：太多的表征、太多的图像和噩梦，但无法达成共识或共同接受。

这种缺乏决议的最明显征兆是动员"9·11"事件作为美国政治中一个引起分歧的"有争议问题"。例如，考虑一下安东尼·马夫拉克斯（Antony Mavrakos）牧师在互联网上发布的被提议的"虚拟纪念碑"（参见图17）。被提议的纪念碑用十诫（the Ten Commandments）双碑取代双子塔，并附有由马夫拉克斯牧师撰写的以下评论：

> 我们正在免费①提供这张照片，因此你能够使它进入人们的手中、家里和心中。这是双子塔曾经矗立之处的纽约市的真实天际线。它们已经消失了，但是现在矗立在它们曾经矗立之处的是包括恐怖分子、美国司法系统、美国公民自由联盟或美国无神论者协会在内没人能拆毁的另外两座双子塔：十诫。
> ——你的信仰基督的兄弟安东尼·马夫拉克斯牧师[21]

马夫拉克斯牧师很好地概括了发动作为一场圣战的反恐战争的深刻的宗教和政治修辞，来自国防部关于反恐战争的每日情报简报都以激动人心的圣经引文作为开场白。[22]这也清楚地表明，反恐战争不仅是针对国外敌人，而且是反击国内敌人的斗争，这是将美国司法系统视为以某种方式与恐怖分子串通的一种自身免疫紊乱，这一观点已复活于针对奥巴马政府决定对恐怖分子继续进行刑事审判的反应当中。马夫拉克斯牧师的纪念碑生动地阐明了我们在塔利班的被毁坏大佛图像

---

① 英文原著中此处用了全为大写字母的英文单词"FREE"以示强调。——译者注

中所看到的宗教极端主义的悖论。第二条诫命禁止制作神像，特别是那些成为崇拜对象的神像。马夫拉克斯的虚拟纪念碑具有的效果是使得包含禁止偶像崇拜律令的碑牌变成一个偶像。

最佳地表现了围绕"9·11"和双子塔的忧郁的图像是凯文·克拉克和迈克尔·科拉隆创作的覆盖着满是尘土并刻有 DNA 代码的纱幕的废墟照片拼贴（参见图18）。[23]一位急救医疗技术员弗劳尔斯拍下了在9月11日之后的几天里熏烧着的废墟的照片。克拉克（也住在曼哈顿下城的一位艺术家）用 DNA 代码的字母叠加在图像上（多年来他为了创造我所说的人类题材的"深度肖像"或"生物图像"而一直在使用的一种做法）。

图18 丹尼斯·格雷迪（Dennis Grady）：照片蒙太奇《从骨灰到DNA》，2001年，源自凯文·克拉克和迈克尔·科拉隆的《米奇·弗劳尔斯："9·11"：从灰烬到灰烬，从骨灰到DNA》（*Mikey Flowers 9/11 Ashes to Ashes, Dust to DNA*）。

这张图像唤起了人们对遇难者遗迹和遗物的渴望，这种渴望在依附于该遗址的无数非正式的纪念物中是如此清晰易见，并且遍及曼哈顿下城。但是它将这种渴望重新编码为对字面上的生物复活的渴望，这与"尘归尘，土归土"的葬礼仪式祈祷文恰恰相反。相比之下，《从骨灰到DNA》（*From Dust to DNA*）的隐含逻辑导致"从DNA到被克隆的复活"。或者如果不是复活，至少是对其骨灰已被认领的特定受害者的识别。更不祥的是，DNA/骨灰的等式暗示在归零地上空盘旋数周久久不散的大气具有毒性，损害着迅速赶到现场的救援人员的肺部。如果对正确安葬死者的无能为力导致忧郁症，这也对那些发现自己实际上是在死者的遗骸中呼吸的人们产生一种身体上的病理效应。克拉克/弗劳尔斯的图像提醒人们已被铭刻在双子塔上的生物数字图像，即双子塔对双重性、双生性和建筑克隆的纪念碑式炫耀，暗示在2001年夏季时克隆与恐怖的反讽巧合。当基地组织成员正在制订其最终计划时，当美国反恐怖主义负责人理查德·A. 克拉克正在徒劳地试图引起白宫注意以警告他们即将到来的威胁时，布什政府正全神贯注于阻止克隆领域生物医学研究的危险加速。[24]

生物恐怖主义与幻影卡车

虽然恐怖主义的结局可能是一个奇观和一个图标化事件，但是其手段一般是隐形的，从这个意义而言，所有恐怖主义都是生物恐怖主义。从字面上来看，生物恐怖主义就是对隐形的化学和生物武器的使用——让人想起炭疽，但是也有像井中投毒这类古老的技术，或者诸如身份盗用和计算机病毒传播这类生物控制犯罪。但是恐怖主义的主要特征只不过是它的工具和施动者的不可见性，其目的是通过所有的监视系统而不被发现。将来的恐怖主义袭击可能会完全放弃壮观的元素，取而代之的是一场看不见的灾难（例如国家电网的严重损坏），这确实将使整个国家陷入黑暗，并切断所有接触媒体景观的途径，这并非不可想象。德里达（见上文第4章《自身免疫》的讨论）预测，"9·11"之后的下一次袭击将不会是惊人的和形象的，而将会以不可见的方式到来。正如我们在有关"不可想象之事物"的讨论（见上文第5章）中已看到的，自相矛盾的是，不可见之事物和未被看见之事物比可见的图像具有更大的激发想象之力。这是恐怖电影中牢固确立的一项原则，在恐怖电影中至关重要的是拒绝给予对怪物的视觉访问，让它尽可能长时间地隐藏在黑暗中，为了合适的震惊与识别时刻而在延迟它可见的出现。

从比喻的意义上来说，恐怖主义在将受害者沦为毫无价值、可以消耗的"赤裸生命"形式方面总是一种生物权力的行使，这表现在它对诸如参战者与非参战者这类区别无动于衷。恐怖主义指望的是一种毒害，并不一定是对特定个体肉体的毒害，而是对政治体及其集体想象的毒害。恐怖主义假定任何一群个体沦为仅仅是一个人口样本（参见果蝇），目的是对这个政治体的集体神经系统产生震惊效果。因此，隐形性不仅是字面上的生物恐怖主义的一个特征，而且是恐怖主义本身的一个关键属性。这一想法是要通过激起一种精神病状态并引发免疫系统和神经系统的过度反应，从而使想象与自身敌对。

那么我们如何想象不可见之事物？我们如何填补意识中恐怖栖居的空白空间？这是布什政府在发动反恐战争初期面临的问题。联想到"蘑菇云"形状的"在冒烟的枪"① 图像是不够的。[25]人们需要一幅清晰而现存的危险的图像，而这就其本质而言会是被设计来用以躲避侦查的东西，同时它会提供一种具体的物质性和文件记载真实性的不祥感觉。提供这一图像的不是别人而正是科林·鲍威尔，他试图用一张"重建"萨达姆·侯赛因的"可移动生化武器实验室"的幻灯片来确定入侵伊拉克的理由。这幅图像的优势在于创造了早在20世纪80年代广为流传的侯赛因（在美国的战术援助下）使用毒气对付他自己的人民这一故事的一个可见的图标性对应图像（参见图19）。

但是我对这张图像的欺骗性不太感兴趣（实际的卡车原来是为发射气象气球而设计的），我更感兴趣的是这张图像为了这一特定历史时

---

① 英语俚语"smoking gun"于1893年出现在福尔摩斯探案系列故事中，20世纪70年代美国水门事件后成为热词被收录进词典。它的原意指还在冒烟的枪，枪支射击过后枪内部发生爆炸，枪管会冒烟，表明一定开过枪了，因此该俚语引申为"铁证如山""确凿证据"之意。——译者注

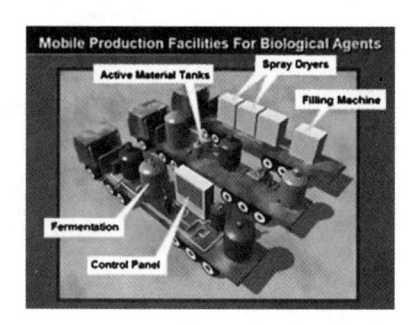

图19 科林·鲍威尔在对联合国的演讲中使用的一张描绘可移动生化武器实验室的幻灯片《生物制剂的可移动生产设施》("Mobile Production Facilities for Biological Agents")(2003年2月6日)。

图20 伊尼戈·曼格拉诺-奥瓦列:《幻影卡车》(*Phantom Truck*),2007年第12届德国卡塞尔文献展上的装置,承蒙该艺术家提供。

刻的完美设计。正如艺术家伊尼戈·曼格拉诺－奥瓦列（Inigo Manglano-Ovalle）在第 12 届卡塞尔文献展（Documenta 12）①上把它改造成装置艺术时所认识到的，这是当代生物恐怖主义的柏拉图式形式。这辆卡车是按实际尺寸重建的，由环氧树脂制成，并被放置在一个洞穴般的黑暗房间里，这使得它与鲍威尔幻灯片中的图式构造图像很相似，而幻灯片中的图像显然不是一个真实物体的照片。这个房间（曼格拉诺－奥瓦列明确地将其比作柏拉图式的洞穴）可以通过两条路线进入：（1）一条弯曲的走廊，它使在人在接近幻影卡车时其眼睛可以逐渐调整适应；（2）一个耀眼明亮的房间，给人置身沙漠般的感觉，在地板上有一个发出不连贯声音的微小收音机。这个后者的通道使后来与那辆卡车的相遇甚至更似幻象般，并暗示"实在界的沙漠"与想象的幻影世界之间的鲜明对比（参见图 20）。

曼格拉诺－奥瓦列作品的意义是什么？它仅仅是要制作一个三维的政治漫画吗？（这并不是说精彩的政治漫画是微不足道的。）或者更确切地说，它是为了立碑和纪念发动战争的那个确切图像、"9·11"有形景象的无形对应物、在用有形敌人萨达姆·侯赛因取代奥萨马·本·拉登的同时提供伊拉克与基地组织之间缺失一环的开战借口吗？一个巨大的骗局值得一个同样巨大的纪念，设计这一纪念不是仅仅为了提醒，而是为了提供一种分析机制来诊断一幅有毒图像的运作，这个完全幻象的图标被后来的历史事件转化为一种物质原因。

萨达姆的想象的军队

想象的武器需要一支想象的军队来使用它们，这是由萨达姆·侯

---

① 卡塞尔文献展（Documenta）是在德国中部城市卡塞尔举办的五年一度的文献展，它与威尼斯双年展（Venice Biennale）、巴西圣保罗双年展（Sao Paulo Art Biennial）合称为世界三大艺术展。作为先锋艺术的实验现场，卡塞尔文献展已不仅仅属于德国，它已成为当代国际艺术的一个重要坐标，既是西方文化界关注的焦点，也是西方社会的时代镜像。2007 年 6 月 8 日至 9 月 23 日第 12 届卡塞尔文献展在卡塞尔举办，总策展人为罗格·比格尔（Roger M. Buergel）。——译者注

赛因大量提供的。关于侯赛因为什么直到最后都在假装他拥有比他实际拥有的更可怕得多的军事机器这个问题，评论家们存在分歧。现实主义者坚持认为，10年的制裁已经相当大地削弱了伊拉克的力量，所有的客观证据都表明他没有发动核攻击或任何形式的远程进攻的真正实力。但是萨达姆和美国新保守主义者在对现实主义的敌意上是一致的，前者生活在一个无所不能的幻想世界中，而后者在想象美国的军事力量能够被用于在它选择的任何地方"创造新的现实"这一范围内，同样持有这种世界观。

在入侵伊拉克期间通往提克里特的公路上的立交桥上绘有一幅引人注目的壁画，它使严重的两者共同的疯狂（folie aux deux）以图像方式明显表现。这幅画（它在当时许多新闻照片中被复制）把萨达姆的军队展示为从一座清真寺或麻扎（Mazar）① 的大门涌现的源源不断的军事力量，相当像乔治·卢卡斯幻想的在《克隆人的进攻》中从母舰的子宫中涌现的克隆人军队。在后一种情形中，正是生物技术孕育了庞大的军队；在前一种情形中，它是一场宗教圣战，或者更确切地说，是一场结合了兼备最新高科技武器的成群阿拉伯军队这种图像的反圣战。

这张照片生动地展示了被理解为一场图像战争的整个入侵伊拉克事件的基本矛盾（参见图21）。首先，这张照片揭示了萨达姆军事机器的虚幻特性，一辆孤零零的快速驶向提克里特的美国悍马军车（Humvee）确实正在潜入并越过萨达姆的军事机器。人们几乎不能要求要比这更有说服力的确证了：萨达姆自己的伟大幻想和唐纳德·拉姆斯菲尔德通过轻型、快速打击部队可能轻易占领伊拉克的同样的幻想图画，装甲薄弱的悍马军车就是幻想图画的中心图标。如果这张照片似乎在真实军队的实际力量内部重塑想象中的军队，那么这幅壁画中有一个细节预告了在美国入侵部队面前将要展开的现实。萨达姆军

---

① 麻扎是阿拉伯语单词"Mazar"的音译，原意为"圣地""圣徒之墓"，主要指伊斯兰教贵显的陵墓，一般由大门、围墙、庭院、墓室等建筑组成，有的还盖有拱北，并附设清真寺、经学堂等。——译者注

队的前列是戴着头罩、身穿黑白制服的突击队员队列。这些形象预示了不同于想象的而是真实的对侵略者的威胁，即那些主要由萨达姆正规军的散群配备人员的叛乱中看不见、不知名的战士和自杀性爆炸者。这一解读也削弱了疾驰的悍马军车表面上的坚不可摧，它将从一个美国技术霸权的想象形象被迅速转变成一个真正的死亡陷阱，成为极度易受简易爆炸装置（IED）和路边炸弹攻击的目标。如果冷战是由首字母缩略词 MAD（Mutually Assured Destruction，相互确定的毁灭）主导，那么有人可能会把 21 世纪的第一次严重军事冲突刻画为一场相互确定的欺骗（Mutually Assured Deception）场景，双方都对各自的敌人和对自己创造双层幻想。[26]

图21　斯蒂芬妮·辛克莱（Stephanie Sinclair）的照片：《美国海军陆战队……向提克里特缓缓行进》（"U. S. Marines…roll toward Tikrit"），描绘高架壁画上的萨达姆·侯赛因的"幻影军队"（Phantom Army），源自《芝加哥论坛报》（the Chicago Tribune）（2003 年 4 月 15 日）。承蒙《芝加哥论坛报》/帕斯国际公司（PARS International Corp.）提供照片。

奥萨马、萨达姆和出奇的相似人物

> 只有当那些与恐怖分子互动的人被模仿、被塑造或甚至被克隆之时,恐怖分子才能成其为恐怖分子。
>
> ——文森特·鲁杰罗(Vincent Ruggiero)

在作为山姆大叔图像上的孪生兄弟或另一个自我的"奥萨马大叔"形象中,我们已经看到这个主权国家("山姆大叔"意指"美国")与其恐怖主义对手的关系是怎样的一种模仿对称,同时既相似又对立,就像在"邪恶的双生子"或诡异的另一个自我的现象中一样[参见化身博士杰基尔博士和海德先生(Dr. Jekyll and Mr. Hyde)]。[27]但是隐藏在阿富汗山区的奥萨马大叔对于美国来说不是一个便于对付的对手。他仅仅是伊拉克真实战争的招募者,伊拉克还有作为其君主的萨达姆·侯赛因被方便地妖魔化的图标。当然,重要的是要忘记萨达姆·侯赛因的掌权在很大程度上曾受助于里根时代的美国和灾难性的两伊战争。但是第一次海湾战争已稳固地确立了萨达姆作为中东希特勒的形象,[28]因此让萨达姆充当奥萨马·本·拉登的替身,并把萨达姆与基地组织和"9·11"恐怖袭击(相当错误地)联系在一起,这并非什么伟大的本领。

作为象征性替身,侯赛因不得不遭受象征性的阉割和羞辱。幸运的是,在将他刻画为一个具有军事造诣形象的众多雕像中,他已为上演偶像破坏的拍照时机提供了大量意象。这些拍照时机中最著名的是在巴格达的天堂广场(Firdos Square)上演的场面,在特别为了这个时刻而被车送来的一小群人的欢呼声中萨达姆的雕像被推倒。[29]虽然这张图像几乎不足以作为世界贸易中心倒塌的图标性回应,但它与那可怕的一天至少具有一种最少的对称性,通过使伊拉克政府的独裁首脑垮台来反击全球资本主义的无头孪生图标的毁灭。

图 22 《给萨达姆罩上头罩》（"Hooding Saddam"），在 2003 年 4 月 9 日拆毁巴格达市中心的伊拉克总统萨达姆·侯赛因的雕像之前，纽约（海军第四团第三营）的陈同欢下士把一面美国国旗放到萨达姆·侯赛因雕像的面部上。照片由劳伦特·雷布尔（Laurent Rebours）拍摄，承蒙美联社/环球图片提供。

然而就在此被废黜元首的拍照时机之前，另一张对伊拉克国家元首进行一种临时的和象征性斩首的照片被拍摄，实现了照片与"9·11"事件的象征性关联。那是在 2003 年 4 月 9 日陈同欢（Edward Chin）下士正用美国国旗罩住萨达姆雕像头部的著名照片（参见图 22）。这面特定的国旗曾于 9 月 11 日飘扬在五角大楼上空，由当天在五角大楼执勤的海军陆战队中尉蒂姆·麦克劳克林（Tim McLaughlin）带到伊拉克，他命令陈下士用这面国旗覆盖萨达姆的雕像。[30]

尽管在当时一些美国人看来这一象征手法可能看似是恰当的，但它很快就被理解为正向伊拉克人民和世界其他国家发送一个不需要的信息。这张照片没有展现伊拉克的解放，反而暗示在伊拉克强行实施主权权威的一个新面孔，即美国的军事占领。美国在拘留疑似伊拉克的叛乱分子时已在利用的一种没有颜色和图案的头罩的挑衅性将会小得多，并将会传达该暴君已被剥夺其权力的最少信息。相反，它用一种胜利的殖民征服的肯定断言覆盖了这种否定信息。难怪它立即招致反对意见，并立即被特写伊拉克国旗/头罩罩在萨达姆头部上的拍照时机所取代。

然而在数字媒体时代，从流通中撤回一幅图像说起来容易做起来难。被国旗罩在头上的萨达姆就像他被捕和被处决的后续图像一样，变成了阿拉伯民众愤怒和耻辱的象征。[31] 像美国入侵伊拉克期间的其他许多炫耀胜利的图像一样，这一图像有助于调动伊拉克的民族主义情感和从其他阿拉伯国家招募圣战分子。也许这是布什政府曾寻求一个更为肯定的拍照时机，即会为一场不受欢迎的合法性可疑的战争争取公众支持的一个拍照时机的原因。答案不是在伊拉克战败的图像中找到的，而是在以2003年5月2日布什著名的"使命已完成"拍照时机形式的美国胜利图像中找到的。布什飞往美国在太平洋的亚伯拉罕·林肯号航空母舰以宣布一次光荣的胜利和"主要战斗行动"的结束，他似乎决意要展现一个成功的图标。

回想起来，当然这一拍照时机也证明是令人深感尴尬的，不仅因为它过早地宣布了在比第二次世界大战持续时间更长的一场战争中获胜，而且因为它违反了美国总统肖像的不言而喻的禁忌之一。总统代表文官对军队的管控，因此也许除了朴素的夹克或帽子之外，总统不应该身着军队服装出现。军装是为那些通过军事力量非法掌权的独裁者（如萨达姆·侯赛因）所用。首先鉴于布什当选的合法性问题，这张照片会被证明像罩着国旗的萨达姆照片一样是不便的，布什政府虽然尽其所能来否认对此负有责任，但是没有什么能抹去对装饰在航空母舰飞行员飞行装备上的布什自己这一形象所负有的责任，布什装扮出电影《壮志凌云》（*Top Gun*）中的一种男子汉气概，他给人的这一形象与他在越战期间曾是空军国民警卫队的一名装病者和逃兵的不光彩记录相当不一致。这一拍照时机不能被否认或从流通中撤回，事实上它以人偶的形式被反复克隆，适合孩子气的幻想（参见图23）。

就像显示布什穿着军装、用镜头盖仍盖着的双筒望远镜扫视"前线"或者9月11日在小学课堂上朗读《我的宠物山羊》（*My Pet Goat*）

图 23　作为"精锐部队海军飞行员"（Elite Force Naval Aviator）的乔治·W. 布什，人偶，12 英寸，承蒙蓝盒国际有限公司（Blue Box International Ltd.）提供照片。

的拙劣拍照时机一样，布什的宣传机器像其政府的其余部门一样，似乎在无所不能的幻想与实际的无能现实之间摇摆不定。

萨达姆的牙齿检查

给头部罩上头罩，尤其是给"国家元首"的头部罩上头罩，是一种在图像战争中羞辱敌人的理想策略。但是随着 2003 年 12 月 15 日萨达姆·侯赛因实际被捕获，这提供了一种甚至更有创造性的对待"头部/首脑"的方式。这位曾经大权在握的暴君不得不被展示在镜头前的这一屈辱和羞辱的场景中，但这并不是一个会暗示残忍或酷刑的场景。

一定是五角大楼媒体联络小组中某位受灵感启发的天才想出了使之成为萨达姆被捕获的图标性拍照时机的主意：萨达姆的牙齿检查（参见图 24）。在非常精确的意义上来说，这一图像是头戴头罩的反

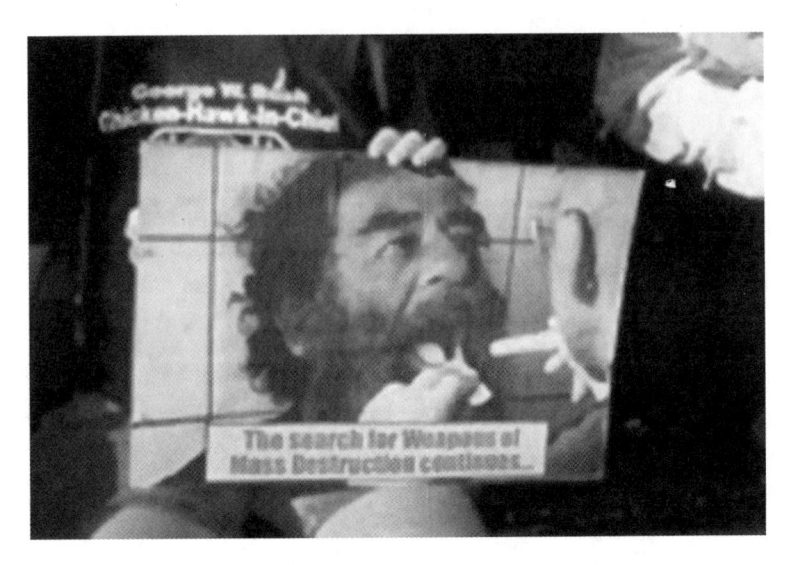

图24　翻印在一件T恤衫上的萨达姆·侯赛因的牙齿检查照片，T恤衫照片由珍妮斯·米苏雷尔－米歇尔（Janice Misurell-Mitchell）拍摄。

转，因为它穿越头部，进入其内部，以照亮其黑暗的内部。在萨达姆被捕获后的几个小时和几天里，一段牙齿检查的循环视频被反复地播放，其中有一个小手电筒被插入萨达姆的嘴里，从里面照亮他的脸颊。这幅图像的纯粹重复与双子塔被毁图像的重复相匹敌，使它成为整个萨达姆被捕获事件中最令人难忘的图像。其他图像，比如清除萨达姆头发上的虱子或者射击他一直藏身的"蜘蛛洞"黑暗内部的图像，在形式上根本不够引人入胜以维持人们的兴趣。但是牙齿检查的用处在于它给以可能的最字面化方式羞辱国家元首的最初效果增加了几个象征性成分。第一，这一图像通过把萨达姆的捕获者展现为在照顾他的健康，也许是在确定他在地下生存期间是否长出了蛀牙洞或脓肿，或者防止他通过嵌入他某一颗牙齿里的氰化物胶囊而自杀，来消除任何残忍的暗示。第二，既然这张图像现在已经渗入国家元首的"头脑内部"，它表明美国军方最终实现了完全胜利这个难以实现的目标。剩下的任何秘密现在都会暴露出来，事实上没过多久这一图像就配以新的说明文字而被复制："对大规模杀伤性武器的搜寻仍在继续"。第三，牙齿检查的真正目的很可能是从萨达姆的嘴里提取 DNA 样本，以绝对确定美国关押的这个男子不是萨达姆众多臭名昭著的替身之一。当然，如果被捕获的萨达姆是一个克隆体，那么甚至 DNA 检测也将不能区分真原本体和复制体。直到今天，博客圈仍继续坚持认为，2003 年 12 月被抓获并于 2006 年 12 月 30 日被处以绞刑的萨达姆·侯赛因并不是真正的萨达姆，而只是他的替身之一，其证据是被抓获的萨达姆的龋齿与他本人完全整齐的牙齿塑形不一致。[32]

克隆身体

> 人体是人灵魂的最佳写照。
> ——路德维希·维特根斯坦，《哲学研究》(Philosophical Investigations)
> 我们不做死亡人数的统计。
> ——汤米·弗兰克斯（Tommy Franks）将军

直到 2004 年春天，这场在进行中的图像战争主要是对美国有利。[33] 引起麻烦的伊拉克平民伤亡的图像已被成功删减。美国军队已经明确表示，鲍威尔的"不统计死亡人数"（敌人或无辜旁观者的死亡人数）原则将会被延续。唯一被计算的死亡人数即唯一算得上的死亡人数是美国军队的死亡人数。[34] 然后在 2004 年 5 月，尸体的图像开始在大众媒体上激增，一种新的拍照时机出现了：斩首美国人质的暴行照片和视频；美国承包商被肢解，他们被肢解的尸体被展示在费卢杰城外的一座桥上；覆盖着国旗的美国士兵灵柩；来自阿布格莱布监狱的丑闻酷刑的照片。前两组图像是敌人即伊拉克抵抗组织故意上演的拍照时机，后两组图像是美国人自己制作的。

从运输飞机上卸载棺材的照片被泄露，并于 2004 年春天刊登于《西雅图时报》(Seattle Times) 上，这些照片立即被全世界的报纸和网络翻印。在 2004 年 8 月纽约市共和党全国代表大会期间，这些照片为一千具覆盖着国旗的灵柩经过第六大道麦迪逊广场花园的游行提供了灵感（参见第7章中插图1）。

棺材图像的扩散产生了可预见的反应。禁止对美国军人棺材拍照的禁令，从一项军事政策被提升为美国国会的立法决议。[35]其理由是看到这些棺材，除了对全球反恐战争的士气有害外，还会"侵犯遇难军人及其家属的隐私"。当然，难以看出一个被覆盖着的棺材的匿名状态如何侵犯任何人的隐私。这项禁令的真正动机是显而易见的：使美国伤亡人员的数量最小化，并防止战争的真实人力代价变得可见，即使是以最为间接、掩饰的意象形式。像大多数对不受欢迎图像的禁令和破坏一样，这一禁令具有催生更多复制品的效果，激发了纪念遇难的美国士兵和伊拉克人的其他方式，比如用照片、空靴子等物品，以及像圣塔莫尼卡海滩"阿灵顿西公墓"每周反战装置那样的白色木制十字架场地。

如果人体沦为赤裸生命和残酷死亡是生物图像的本质内容，那么伊拉克叛乱分子上演的拍照时机显示了对图像战争逻辑的直觉把握。尽管斩首图像是恐怖的，但它们与罩上头罩的萨达姆雕像及其牙齿检查暴露出一种对称。以眼还眼、以牙还牙的正义升级为以头还头，象征性的斩首被国际电视上上演的真实事件胜过。这些图像立即被删减，并被谴责为野蛮和凶残的景象。但是我们应该记得，斩首（decapitation）是直到并包括法国大革命期间欧洲国家中"死刑"（capital punishment）的标准的（和字面的）形式，法国大革命发明了断头台作为快速简单处决的一种人道形式，它在当今的沙特阿拉伯仍然是死刑的合法形式。对萨达姆头部的模拟临床处理与对美国人质的模拟司法处置是对应的事件，美国人质的斩首伴以合法处决的象征符号，包括大声宣读指控和在互联网上向全球媒体传播这些图像。

费卢杰的照片将对凄惨人体的蓄意展演和图像化带到一个新的极端。2004年3月31日，在费卢杰城外被伏击和杀害的四名美国承包商的尸体被点燃，并以一种再现欧洲"四肢裂解"（drawing and quartering）做法的方式被恐怖地肢解。之后两名承包商的遗骸被悬挂在幼发拉底河上的一座桥上作为战利品展示。镜头前一群伊拉克人的行为清楚地表明，这些照片不仅仅是一个路过的记者的自发记录，而且是有意要激怒敌人的眼球而上演的拍照时机。[36]就像20世纪早期美国以私刑处死照片上的旁观者和参与者一样，这个聚集的人群表达了对于他们正为摄影机创造这一景象的不加掩饰的快乐，并举着宣布费卢杰是美国人的一片墓地的告示牌。与斩首不同，没有人试图将这些拍照时机上演为司法程序的记录。它们描绘了由一群愤怒（且欣喜若狂）的暴民实施的粗暴、无政府主义的"边疆"正义（"frontier" justice），即意在表达费卢杰城是"美国人的墓地"这一集体意愿的一种自发的暴力行为。（难以忘记，布什早些时候在威胁要"熏出"和"追捕"恐怖分子时引用的得克萨斯州司法标准，他敦促伊拉克叛乱"放马过来吧"；对非参战者的刑事谋杀和对囚犯的酷刑及谋杀这些同样的刑事政策给所有这些声明提供了一个黑暗的寓意。）从这些照片出现的那一刻起，人们就感觉到美国人会按照字面意思来理解这一信息，即费卢杰城注定要毁灭、集体惩罚迟早会被实施。就在2004年秋季美国总统大选之后，美国军队正如预期中一样实施了对费卢杰这座30万人口的城市的围攻和破坏。

尸体是我一直称之为生物图像的原始形式。尸体"只是一个形象"——一个静止的、无生命的、不动的遗迹——一个曾经的生命形态的形象。然而尸体在我所知道的每一种文化中都被当作至少部分是活着的，因此是忌讳的、出奇的。从一种理性的视角来看，肢解尸体是一种徒劳的活动。这个人即曾经栖居于尸体的主观意识不能感觉到伤口。事实上，这些创伤并非意在给真正的受害者造成痛苦。意图是在那些会恐吓和伤害受害者亲属的视觉图像或言语图像中传播创伤。[37]在《伊利亚特》（Iliad）中，阿喀琉斯（Achilles）把赫克特（Hector）的尸体拖在他的战车后面，不是为了给赫克特造成痛苦，而是为了给那些被迫目睹自己的英雄落魄的无助的特洛伊人造成痛苦。因此，被肢解的承包商的图像不是创伤的图像，而是被设计了的旨在伤害美国观众的图像。当这些图像通过数字复制和全球流通而被传播时，它们会产生一种与现代艺术家所说的"震惊"（shock）大不相同的效果，这种效果具有治疗性和陌生化的一方面。在创伤领域，没有什么能比得上"震惊疗法"（shock therapy）。[38]这些图像被设计用来压倒观看者的防御能力，这就是为何2004年4月1日刊登这些图像的许多通讯社选择模糊这些图像，使得它们的内容几乎无法读取。[39]

对尸体的肢解因此就是对图像的肢解，即被再现为以另一种媒介的图像的一种偶像破坏行为——以口头报告和谣言，以印象的记忆，以能够被无限期传播的照片。但这是一种远远超出伊斯兰教、犹太教和基督教版本的第二条诫命共有的禁止造像的偶像破坏形式。如果人体是"以上帝的形象"被创造的，而且是上帝的神圣手艺，那么对人体的肢解——即使作为一具尸体——就是一种亵渎行为。费卢杰的一名主要神职人员于是宣布，肢解承包商的尸体是一种"亵渎"，违反伊斯兰教律法。[40]从基督教的观点来看，这种肢解是双重的暴行，不仅引发对社会团体成员待遇的部落主义反应，而且构成一种神学的暴行，即违背上帝——或神的图像（the imago dei）——上帝本身（在最完全意义上的"亵渎"）的犯罪。换言之，只有在圣战的背景下，以及在伊斯兰世界普遍认为美国参与了在中东的一场基督教圣战而不仅仅是努力为该地区带来世俗民主的认识中，肢解才讲得通。

现代战争经常被描绘为一种不现实的景观，仅仅为一种类似于电子游戏的拟像。事实上，这是美国媒体及其企业和政治看护者想要描绘现代战争的方式：正在匿名队列中行进着的将要从一个安全距离被高级武器蒸发的不露面容敌人的战争。但正如爱德华·R. 默罗（Edward R. Murrow）很久以前就指出的，电视也有能力呈现靠近的和个人的"小图"（little picture）。甚至当它看起来与我们有距离时，它也能减少我们与事件的距离。马歇尔·麦克卢汉的"地球村"愿景已经实现，不是作为常常（错误地）归因于他的田园诗般的乌托邦，而是作为一种被实时描绘的出自内心的亲密暴力的令人恐惧的即时性。这种旨在引起美国公众部落主义反应的部落暴力的古老形式可能使地球村成为一个非常危险的地方，特别是当美国军事力量的全部力量被动员起来以应对当地的挑衅时。因数字媒体的发明，这些景观即生物图像的暴力分解可以无限期地被克隆并在全球传播。这些景观是有毒的"不断给予的礼物"（gift that keeps on giving），在全球神经系统中呈现出它们自己的一种反常的生命。正如麦克卢汉预言的，电子时代在社会互动层面上产生了一种辩证的逆转，融合了人类行为的古代形式与现代形式、部落主义与异化、内心体现与数字虚拟。

仿生阿布格莱布男子

生物图像的所有特征——即时复制和病毒传播；在公共的、大众消费的图像领域中双生子、相似人物和多胞胎的急速增加；人类形态沦为赤裸生命，或者沦为诸如一具等待被肢解、污损、毁坏的尸体的纯粹图像；相应的身份丧失，以及无脸无头形象即无头无脑克隆体的增殖——汇集于伊拉克战争和实际上整个反恐战争的中心图标中。当然，我想到被不同地称为戴头罩男子、盒子上的男子或者（简单地）阿布格莱布男子的著名图像。关于这个形象，我在接下来的几页中将会有很多话要说。就目前来说，我只是想要反思这个形象凝结生物图像的所有特征的方式，生物图像既是作为一种当代技术现象，也是作为关于图像"生命"的古老信仰的字面化和现实化。

大卫·里斯（David Rees）精彩的连环漫画《仿生阿布格莱布男子》（"Bionic Abu Ghraib Man"）生动地提供了图像出奇的双重生命的自觉表达。这个场景是在白宫里关于阿布格莱布男子"在逃"的谣言的对话。就像任何优秀的漫画图像，更不用说任何可广为识别的文化图标，阿布格莱布男子的图像具有正如我们所说的"它自己的生命"。它正在快速移动，突然恰恰出现在一次白宫会议中。受到惊吓的工作人员要阿布格莱布男子停止关于酷刑的说教，并从他的肥皂盒子上下来。（阿布格莱布男子当然回答说，从他的盒子上下来他将遭受电刑。）然后布什和他的司法部长继续反复思考阿布格莱布男子的来源［阿尔贝托·冈萨雷斯（Alberto Gonzalez）① 在午夜法律实验室里所生产］，以及他可能危险地变异成了被称为仿生阿布格莱布男子或者正如我们将简称为罩袋人的形象这一谣传。基于无所不在的戴头罩男子的形象，

---

① 阿尔贝托·冈萨雷斯于1955年出生在美国得克萨斯州，是一位律师、政治家、共和党成员，曾任美国司法部长（2005—2007年）。他与美国总统乔治·W. 布什关系密切。布什发动反恐战争后，冈萨雷斯公开捍卫布什政府无限期关押恐怖嫌疑人并不让他们见律师的政策。在美军虐囚丑闻曝光后，他主动站出来为美国政府辩护，这些举动让他获得了白宫"超级律师"的称号。——译者注

伊拉克艺术家阿卜杜勒—卡里姆·卡里尔（Abdul-Karim Khalil）创作了一件名为《我们正生活在一个美国式民主国家里》（"We Are Living in an American Democracy"）的大理石雕塑（参见图25），这是一个不错的巧合。尽管这个形象的任何部分都与拉什莫尔山的比例相差甚远，但它应该在自希腊人以来就持续存在（并经受住时间洗礼）的媒介中得到纪念，这似乎是完全恰当的。同样值得注意的是，尽管这个形象的头部戴着头罩，但仔细观察面部区域就会发现表面之下只有最微弱的面部迹象，好像头罩正被变成一个让头罩下的人可以回头看并呈现看得见而不被看见姿势的面纱——或许是对刻画戴着面纱的穆罕默德的惯常做法的一个暗指（参见第7章中插图8）。

图25 阿卜杜勒－卡里姆·卡里尔：大理石雕塑《我们正生活在一个美国式民主国家里》(2008年)，$17^{3/4} \times 10 \times 7$英寸。萨拉姆·艾尔·拉维（Salam Al Rawi）收藏。照片由迈克尔·斯特拉瓦托（Michael Stravato）拍摄，承蒙得克萨斯州休斯敦的车站当代艺术博物馆（Station Museum of Contemporary Art）提供。

里斯漫画中的罩袋人已经演变成一个从附在身上的电线获得特殊能量的超级英雄（参见图26）。他把酷刑转变成了一种动力源，他变成了一个变形金刚，把自己的身体转变成一架携带大规模杀伤性武器并朝着拉什莫尔山的开国元勋们飞去的隐形轰炸机的形象。乔治·华盛顿（George Washington）正在对着迎面而来的飞机即将带来的威胁大喊着发出警告，而杰斐逊（Jefferson）只能询问威胁是不是真的，"是字面上的还是比喻上的？我无法转动头部"。

里斯在其对待阿布格莱布男子的过程中出色地凝结了生物图像的所有维度：

1. 一个"在逃的"图像的病毒式、坚不可摧的特征，拒绝离开，尽管审查制度倾尽了所有努力，它仍有能力随时随地出现并继续回归（值得注意的是，在2010年春天写作此书时，巴拉克·奥巴马仍然对酷刑档案的完整的全部摄影作品保密）。

2. 图像的出奇复制，以及它分裂成对称地相似和对立的两极（参见山姆大叔与奥萨马大叔）。里斯所强调的两极性一方面是受害者的软弱和落魄，另一方面是大规模杀伤性武器的不可抗拒力量。

3. 自身免疫紊乱的防御和攻击特征的可逆性。制造出阿布格莱布图标的酷刑计划表面上是为了保护美国免受偷袭；[41]里斯的叙述显示出完全相反的潜在性，即酷刑的可预见后果是对美国纪念物的恐怖主义袭击的可能性增加，击倒世界贸易中心的那种"反击"——作为一种偶像破坏行为以同样方式上演了。

4. 生物图像的最终扭转，即它在字面的生命力与隐喻的生命力、真实的效果与想象的效果之间的交替。对在拉什莫尔山的首脑们的袭击要从字面上被理解为对该物质纪念物的一次实际恐怖主义袭击的预测吗？或者它是（甚至更为危险地）对该纪念物的象征意义、其对美国建国之父的表现和美国宪法本身的一次袭击吗？

如果仿生阿布格莱布男子在美国神话中扮演了那个凄惨的酷刑受害者的强大孪生子的角色，那么它在伊拉克内部找到了另一个孪生子或出奇的相似人物，是在阿布格莱布监狱照片公布后不久在巴格达出现的一幅壁画上（参见图27）。由萨拉·埃丁·萨拉特（Sallah Edine Sallat）创作的这幅壁画描绘了在盒子上的戴头罩的男子，并列的是在她基座

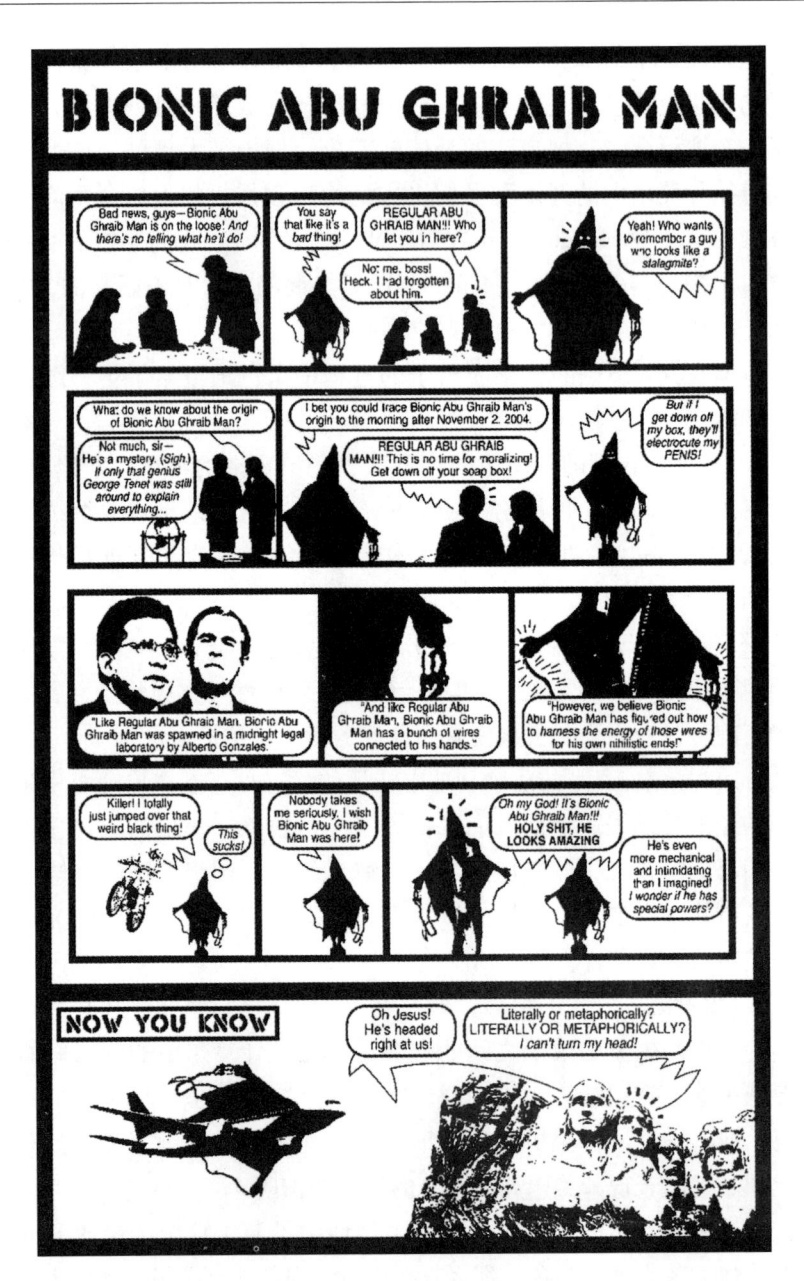

图26 大卫·里斯：《仿生阿布格莱布男子》（2004 年），承蒙该艺术家提供。

图 27　由伊拉克艺术家萨拉·埃丁·萨拉特创作的一幅壁画，左边刻画穿着三 K 党服装的美国自由女神像（America's Statue of Liberty in Ku Klux Klan costume），正在按下会接通系在臭名昭著的伊拉克阿布格莱布监狱一名被拘留者身上电线的电源开关（2004 年 5 月 23 日）。照片由卡里姆·卡迪姆（Karim Kadim）拍摄，承蒙美联社/环球图片提供。

上的戴头罩的自由女神像。

同样地，这个"双生体"既相似又相反：自由女神像穿戴着三 K 党（Ku Klux Klan）的白色长袍和头罩，她的有眼孔头罩揭示了她是酷刑施虐者，是穿戴着无眼孔头罩和黑袍的酷刑受害者的对立方。而且，自由女神被高举的手臂并不是为了举起自由火炬，而是为了伸手以触及会发送电流流经酷刑受害者身体的开关。壁画上的铭文"为了布什的那种自由"也许是多余的，在某种程度上，戴头罩男子与自由女神像的转喻并置变成了伊拉克人的一种俚语凝结，因此据报道他们开始把罩袋人本人称为自由女神像，这是关于美国承诺给伊拉克一并带来自由和电力的笑话的一个有力场合。

被克隆的罩袋人

  如果曾经有一个图像已被克隆到大众传媒的循环中,那么既在无限期复制的意义上也在呈现逃避甚至颠覆其生产者意图的"它自己生命"的更远意义上,这一图像都是如此。罩袋人的图像超越了双重或双生的二元的、辩证的领域,进入了重复和倍增的领域。就像耐克的对勾(Nike Swoosh)①或金拱门(Golden Arches)②广告标识和品牌图标一样出名,这一图像迅速变成用麦迪逊大道的表达方式所说的"长了双腿"的一个全球图标。这个戴头罩的男子出现在世界各地,在电视上、互联网上、抗议海报上,以及在从巴格达到伯克利的壁画、涂鸦和艺术品上。世界各地的游击艺术家们(guerilla artists)③找到了以多种惊人方式来重塑、改变和倍增戴头罩男子形象的方法。高速公路博客作者把这个形象变形成为威胁要无限期地自我复制的一排歌舞队,正在蜿蜒穿过电脑屏幕,同时在随着滑稽模仿海滩男孩乐队(Beach boys)④一首召唤美国学生来参加伊拉克海滩聚会的乐曲〔它应被说成负面的"小姐和酒"(chicks and booze)〕的仿作跳着舞(参见图28)。

  此罩袋人变得如此无所不在、易于识别,以致它能够微妙地潜入

---

  ① 英语单词"swoosh"的原义是"嗖嗖地迅速移动",表示极其快速的意思。英语短语"Nike Swoosh"指耐克品牌的对勾标志。这一标志最初于1971年由卡洛林·戴维森设计,是一个类似飞动翅膀的标志,象征希腊胜利女神翅膀的羽毛,造型急如闪电,代表速度、动感和轻柔。它经历了不断演进变化的过程之后才确定为今天我们所看到的简洁有力而又醒目的"对勾"造型。——译者注

  ② 金拱门这一名称的由来可追溯到麦当劳的发展史。麦当劳的标识除了形似大写的英文字母"M",也可看作金色拱门图案,它在西方有一个著名的英语昵称"Golden Arch",直译就是"金拱门"。麦当劳(中国)有限公司于2017年10月12日正式更名为金拱门(中国)有限公司,其各地分公司也陆续更名。——译者注

  ③ 游击艺术(guerilla art)是最早在英国兴起的街头艺术运动,此后传播到世界各地。游击艺术是指艺术家在公共场所留下匿名艺术作品从而向广大观众表达自己观点和态度的一种艺术创作方法。——译者注

  ④ 海滩男孩乐队(the Beach Boys)是20世纪60年代的美国迷幻摇滚乐队。——译者注

图 28　高速公路博客作者：《罩袋人歌舞队》（"Bagman Chorus Line"）（未注明日期，FreewayBlogger.com），互联网图像撷取。

纽约地铁里为 iPod 所做的商业广告中，在这些商业广告中，它几乎下意识地融合了戴着 iPod 耳机的"有线的"舞者们与他的生殖器上连接着电线的"伊拉克人"（"iRaqi"）这两种形象。这一点文化恶搞即一个名为螺钉叉制图（Forkscrew Graphics）的团队的作品特别有效，不仅使人们注意到与广告标识无尽泛滥平行的该图像的无所不在，而且提出了有关漫画家大卫·里斯所探讨的该图像中无力与力量之商数的一组有趣问题（参见图29）。"伊拉克"（"iRaq"）罩袋人的出现是否构成了对媒体图像流动的一种颠覆性干预？或者它是不是该图像在媒体流中被吸收和消失的一种症状？

　　人们显然可以对这个问题的两个方面都提出令人信服的论点。一方面，许多反战活动人士曾期望阿布格莱布男子的图像将提供会使布什政府在 2004 年大选中垮台的强有力的"确凿证据"，但它并未起到任何这种作用，而且阿布格莱布监狱图像的丑闻和它们所揭露的酷刑制度在那一年的总统竞选中完全消失了。另一方面，这一图像从未消失，

图 29　螺钉叉制图团队创作的丝网印刷海报"iRaq/iPod",嵌入在纽约布里克大街地铁站附近的 iPod 广告牌上（2004 年）。照片由本书作者拍摄。

图 30　盖伊·科尔韦尔:《虐待》（*The Abuse*）（2004 年），承蒙该艺术家提供。

而且它以一种近乎周期性的可预测性不断回归，这就需要在审查制度和强制遗忘方面越来越徒劳的努力。在我看来，对于 iRaq/iPod 并置最令人信服的解读是，像大卫·里斯一样，这种解读拒绝使"图像的力量"这一问题简单地沦为非此即彼的决议。正如里斯所显示的，这个图像扮演了双重角色："普通的阿布格莱布男子"凄惨、无助的诱捕与"在逃的"仿生阿布格莱布男子强大的破坏力。也许理解 iRaq/iPod 文化恶搞的最佳方式是分析自我陶醉地沉浸于只有他们能听见的音乐中的自娱自乐舞者与沉浸于只有他能感觉到的痛苦和恐惧中的戴头罩男子的自我折磨静止状态之间的关系，伴随着戴头罩男子的是如果他从他的盒子上下来就会触电身亡的危险预感。罩袋人图标在 iPod 图像志中的介入只不过是激发人们思考许多问题——艺术与政治的关系，快乐与痛苦的关系，运动与静止的关系，连着电线的身体、感官技术、酷刑与性的关系。

　　这些施虐受虐狂的弦外之音在旧金山艺术家盖伊·科尔韦尔（Guy Colwell）的一幅作品中变成了合唱，科尔韦尔通过在一幅使人联想起超现实主义艺术家保罗·德尔沃（Paul Delvaux）的人物画面中将戴头罩男子的形象描绘成三胞胎来强调对它的克隆。戴着头罩、双手和生殖器上连着电线的三个男子站在基座上，脖子以下都被扒光衣服（也许是为了强调他们与阿布格莱布监狱裸体色情场景的联系），而美国宪兵们挥舞着警棍和荧光棒，它们是现在通晓的强奸和鸡奸工具，还有一名被蒙住眼睛的伊拉克妇女［或者它可能是蒙眼的正义女神（Blind Justice）或者自由女神像吗？］被带进房间以"见证惩罚"（参见图30）。敢于展示这幅图像的旧金山画廊遭到了破坏分子的袭击，不得不关闭，这也许是在预测美国人对这些图像的接受度。[42] 虽然图像，尤其这类照片，在让人们了解真相方面极其有力，但是它们并不是全能的，它们可能会通过遏制、审查和彻底否认这些巧妙策略而被中立化。例如，甚至罗德尼·金（Rodney King）被洛杉矶警察殴打这一视频的简单明了的写实主义被一个辩护团队最终克服了，他们巧妙地将该视频处理成解构其清晰证据特点的一种慢动作的、逐帧的分析。这就好像一个人凝视这类图像的时间越长、越强烈，它们就变得越不透明。正如在这些图像首次出现和随后受到抑压之后不久那个时期马克·丹纳

(Mark Danner)所说的：

> 这些图像本身……曾有助于就布什政府如何对待反恐战争中的囚犯这些更广泛的问题打开大门，现在也在帮助堵上这扇门；因为这些图像凭借它们固有的怪诞力量，强有力地支持这样一种观点，即显然确实发生过的"残暴行为和毫无目的的施虐行为"位于阿布格莱布监狱的核心。[43]

丹纳自己对这些图像背后"隐藏的故事"的调查（大多数官方调查都尽力继续隐藏该故事）[44]努力让那扇门一直敞开。西摩·赫什（Seymour Hersh）的作品和苏珊·桑塔格（Susan Sontag）及其他人对这些图像的初步解读已清楚地表明，在这扇门背后隐藏着更多得多的东西。当然，在一个人权和国际正义的概念具有任何法律效力的世界里，美国在伊拉克的行为会被谴责为一个流氓国家将它自己凌驾于法律之上的行为。在一个公正的世界里，布什政府的最高级官员（包括总统）对国际法的公然无视会成为刑事诉讼的理由。但是我们并非生活在一个公正的世界里，国际法没有办法自行执行。因此，问题仍然存在：一旦这些图像"隐藏的故事"被揭露、（至少在目前）其政治效力被耗尽，要如何处理和应对这些图像？

我认为答案在于丹纳在这些图像中观察到的"固有的怪诞力量"。虽然这种力量能有效阻止对这些照片的叙事和纪实意义的专注，但是同时它也能开发这些照片中意义的新维度——使它们成为可能的我所称之为的"系统背后的系统"——使得非常类似这些图像的事情不可避免。换句话说，我的意思是，除了阿布格莱布监狱所发生之事的故事和谁对它负有责任之外，从这些照片中可获悉更多信息。这些图像毕竟是用美国公民缴纳的税款支付的。我们拥有这些图像，我们必须承认它们中关于我们是谁、我们正在生物数字图像时代变成什么这些信息。

汉斯·哈克（Hans Haacke）在他那张令人震惊的图像《凝视星星》（*Star Gazing*）中为这个问题提供了初步的答案，这幅图像显示一名身穿橘色囚衣、头戴星星图案蓝色头罩的男子（参见第7章中插图2）。

这幅图像凝结了我们一直在探究的生物图像的那一整个复合体，从"无头无脑的克隆体"到戴头罩的恐怖分子，或者从施虐者到被转变成酷刑受害者的戴头罩的恐怖分子嫌疑人。作为制造酷刑受害者的不露面容的匿名性和蒙蔽性的工具，头罩已被合成为带有美国主权的象征，将美国的"反恐战争"概括为它一直都是的一个自我毁灭过程。[45]施虐者与受害者的这种奇怪镜像通过有关人物形象施动位置的微妙模糊性被雄辩地表达出来。一方面，星星图案的头罩将这个人物形象（像盒子上的戴头罩男子或者萨达姆·侯赛因的雕像）呈现为美国强权的被动、痛苦的战利品。另一方面，这个男子的白皮肤和松弛的双臂［这里没有"压力姿势"（stress positions）］与《凝视星星》这一标题暗示他完全是自己把头罩罩在他头上的。凝视星星的美国人用一种无知与理想主义、盲目与天真的奇特结合，即拒绝理解他们入侵和占领伊拉克的后果，加上在整个这场战争中一直被采用的自由和民主化的乌托邦式修辞，确实欺骗了他们自己。所谈论的战争不是仅仅在伊拉克，而是在整个星球关于全球反恐战争的错觉中。哈克的图像是否在暗示戴着这个头罩的人能够脱下头罩并看到情况的本来面目？或者这个头罩是否更像是美国体育迷为了掩盖他们对球队不光彩糟糕表现感到的羞耻而戴上的那样一种伪装？这个版本的罩袋人是被他的盲目和沉默所折磨还是被他的羞耻和丢脸所折磨？美国人民是否准备好眼都不眨地看看这个图像和反恐战争的其他图像，直面他们对伊拉克、对他们自己和对世界秩序所做的一切，这仍然是一个悬而未决的问题。

我们将不得不面对的一幅图像是在此前尚未公开的来自阿布格莱布监狱的照片当中的一幅，它是在《沙龙》（Salon）杂志的记者马克·本杰明（Mark Benjamin）的帮助下获得的一张照片。这是一位身份不明的美国士兵的一幅肖像，他站在一面巨大美国国旗前面，额头上画有一个卍字饰（参见第7章中插图3）。来自阿布格莱布监狱的酷刑丑闻图像通常被贴上"虐待"照片的标签。据报道，于2003年10月31日在阿布格莱布的万圣节聚会上拍摄的这张照片可能会被贴上"自虐"的标签。如果哈克的星星凝视者头上的头罩被脱下，那它是一种可能被曝光的面孔的肖像。我在这里展示这一图像，不是要把这个不知名的士兵描述为一个法西斯分子，而是要表明，布什政府最高层批准的一项系统性虐待政策是如何在美国士兵们的身体上印上法西斯主义的耻辱（stigma）和耻辱标记（stigmata）的。这项政策的全部范围和记录它的那些照片尚未被公之于众。人们能够理解并且也许甚至原谅奥巴马政府不愿公布记录布什酷刑制度的完整照片档案，理由是这将进一步激怒阿拉伯世界，而且很少会增进我们的理解。奥巴马重复布什的托词，说酷刑图像描绘已被绳之以法的"几个坏家伙"的行为，这既不可理解，也不可原谅。就像那个额头上有卍字饰的士兵一样，这些坏家伙也属于阿布格莱布监狱的受害者。真正的作恶者即酷刑政策的设计者尚未被绳之以法。

与此同时，还有一些图像不像坏家伙，不能被锁起来。关于这些图像已经有很多书写了，随着来自关塔那摩（Guantanamo）和阿富汗巴格拉姆（Bagram）监狱的完整图像档案曝光，肯定还会有更多的书写出现。这个档案的意义是什么？罩袋人的形象如何和为何成为整个丑闻的图标？我们已经看到，这在一定程度上是一个技术问题，即新媒体赋予图像一种病毒性的、转移性的、可以说是"自由的"生命的能力。但是这只是部分答案，它并没有告诉我们，在阿布格莱布监狱拍摄的所有那些照片中，为何一幅特定图像获得了一个全球图标的地位。这幅图像的当代性及其作为数字文件在新媒体中的传播与一些非常古老和出奇熟悉的东西被结合在一起，这些东西所产生的共鸣远远超出了与一个广告标识或企业品牌相关的即时可识别性的效果。这幅图像的出奇生命力的基础是什么？它超越对其生产和流通的任何单纯事实性描述这一倾向的基础是什么？它在特定时刻对特定个体的指涉性的基础是什么？要成为历史纪念物、整个时代即恐怖和克隆时代的活态图像或生物图像的基础又是什么？我将在最后几章探讨这些问题。

第 7 章 阿布格莱布监狱档案

> 档案的问题不是……一个关于过去的问题……。它是一个关于将来的问题,即关于将来本身的问题,亦即为明天做出回应、做出承诺和承担责任的问题。档案:如果我们想要知道那将会已经意味着什么,我们只会在将来才知道。
>
> ——雅克·德里达,《档案狂热》(*Archive Fever*)
>
> 刑事鉴定照片是……为了从相当字面的意义上便利于逮捕照片上的所指对象。
>
> ——艾伦·塞库拉(Allan Sekula),《身体与档案》("The Body and the Archive")

在 2003 年秋季大约三个月的时间里,伊拉克阿布格莱布监狱成为整个反恐战争中一些最引人注目和最令人不安的图像的生产地点。正被殴打、性羞辱和处于"压力姿势"的裸体的、戴头罩男子的图像被数码相机拍摄到,被存储在硬盘和光盘上,并在互联网上传播。在 2004 年冬季,美国军方开始对酷刑和虐待事件进行一系列内部调查,并特别强调照片记录。这些照片被试图收回并压制,特赦被提供给上交这些照片的任何人。但是遏制的努力失败了,到 2004 年 4 月,哥伦比亚广播公司(Columbia Broadcasting System,CBS)的新闻节目《60 分钟》(*Sixty Minutes*)和西摩·赫什在《纽约客》(*New Yorker*)上发表的文章已经向公众披露了这些照片。

于是就创建了我将称之为的"阿布格莱布监狱档案",即主要由美国陆军刑事调查司令部①收集的 279 张照片和 19 段视频剪辑构成但不限于此的一个文本与图像、录音与回忆的主体。由专业军士约瑟夫·达比（Joseph Darby）于 2004 年 1 月 13 日首次提交给陆军刑事调查司令部的这些图像仅只是陆军刑事调查司令部档案（超过 1000 张照片仍为机密）中全部信息的一小部分，而且这一部分记录过了两年时间才被公之于众。它们被"一个在阿布格莱布监狱待过一段时间的军方消息人士"泄露，并于 2006 年 2 月由《沙龙》杂志刊登，当时调查记者马克·本杰明和迈克尔·谢勒（Michael Scherer）制作了"阿布格莱布监狱卷宗"，即一份附有注释并遵循陆军刑事调查司令部的时间表按时间排序的档案，辅以包括机密材料在内的大量调查材料。[1]现在阿布格莱布监狱档案包括军事机构、非军事机构、记者和学者的大量调查报告和各种阐释者的"二次阐述"，从苏珊·桑塔格和马克·丹纳对这些图像之意义的首次分析到更近的大部头研究，诸如史蒂芬·艾森曼（Stephen Eisenman）的《阿布格莱布效应》（The Abu Ghraib Effect）和收录了芭芭拉·埃伦瑞克（Barbara Ehrenreich）和大卫·列维·施特劳斯（David Levi Strauss）等人文章的《阿布格莱布：酷刑的政治》（Abu Ghraib: The Politics of Torture）这类文集。此外，大量图像二次阐述的一个主体已经汇集起来，包括从早期的抗议海报、视频和艺术作品到摆拍的（通常色情的）阿布格莱布监狱"赝品"的欺骗性图像。在 2007 年和 2008 年，第三波阐释以关于该丑闻的纪录片的形式汇集，开始于 2007 年 2 月在圣丹斯电影节首次放映的罗里·肯尼迪（Rory Kennedy）的《阿布格莱布的幽灵》（The Ghosts of Abu Ghraib），以及一年后由埃罗尔·莫里斯执导的《标准操作流程》（Standard Operating Procedure）。

然而，无论这个档案变得如何广泛，它在过去和现在都主要由静止的照片构成。特别是其中的两个图像已经将自身确立为阿布格莱布

---

① 美国陆军刑事调查司令部（the United States Army Criminal Investigation Division Command，缩略为 USACIDC 或 CIDC）于 1971 年成立，是美国陆军的主要司令部之一，负责统合美军所有刑事犯罪侦查的资源与指挥权，进行犯罪调查，它的前身是第一次世界大战期间成立的美国刑事调查司（Criminal Investigation Department，缩略为 CID）。——译者注

监狱的"图标"：七名裸体伊拉克男子叠成金字塔形的图像和站在盒子上的戴头罩男子的图像。似乎几乎没有必要再去再现或观看这些图像了。它们已经被展示了如此多的次数，以至于它们已经被铭刻在集体记忆中，只需要口头提及就能想起它们。这两幅图像定义、说明并代表了阿布格莱布监狱的整个档案即它的图像和围绕这些图像低语的话语的想象的和引人注目的特点。它们是可能被称为"性"与"压力"（当然在假设这两个概念可以严格区分时！）的对比性图标。从形式的角度来看，无论如何对比是明显的：一幅混乱的、色情的人物画面，即一堆戴着头罩的裸体男性身体，而在人体金字塔上方查理·格拉纳（Charley Graner）① 和林迪·英格兰（Lynndie England）② 咧嘴笑的脸映入我们眼帘。从多个角度拍摄的这一场景代表了表现模拟性行为和其他形式的性羞辱的那一大部分档案。与之形成鲜明对比，另一幅是形式简单的图像，是静止的、如雕塑般的而且对称的。它代表了中央情报局（Central Intelligence Agency，CIA）审讯人员所采用的"压力姿势"技巧，即把囚犯束缚于不舒服的、会使任何动作都感到疼痛的姿势。在这种情况下，这种压力也是心理上的：戴头罩的男子已被告知，如果他走下盒子，他将使连接在他手上和生殖器上的电线接到地面，进而遭受电刑。压力姿势的整个策略是将人体置于自我折磨的、任何减轻压力的动作都会造成疼痛加剧的姿势。

压力姿势照片的档案也许不可避免地会与以耶稣基督被钉在十字架上受难（crucifixion）作为其图标性造型的基督教图像志产生共鸣。专业军士萨布丽娜·哈曼（Sabrina Harman）拍摄了阿布格莱布监狱档案中的大量照片，她最初被激发开始拍照是当她注意到一个双臂被绑

---

① 查理·格拉纳出生于1968年，是一名美国前陆军预备役士兵，因在伊拉克战争期间在阿布格莱布监狱虐待伊拉克囚犯而被起诉。他是第一个在阿布格莱布监狱虐囚丑闻曝光后接受军事法庭审判的士兵，被判入狱10年，2011年他在服刑约6年半后获释。——译者注

② 林迪·英格兰出生于1982年，是一名美国前陆军预备役女兵，因在伊拉克战争期间在阿布格莱布监狱虐待伊拉克囚犯而被起诉，被判入狱3年，2007年3月她被假释出狱。她是美军虐囚丑闻中"出镜"最多的美国士兵，曾出现在多张阿布格莱布监狱虐囚照片中。——译者注

在铺位上的囚犯"看起来像耶稣基督"之时。

> 我不能把它从我的脑海中抹去。在吹哨和用一枝白杨敲打牢房后，我走下楼梯，结果发现那个双手被向后铐在窗户上、裸体、内衣盖在头上和脸上的"出租车司机"，他看起来像耶稣基督。一开始我不得不笑，因此我走过去，抓起相机，拍了一张照片。[2]

一旦这种联想被触发，阿布格莱布监狱的许多照片开始使我们想起耶稣受难像。也许这是因为酷刑像色情作品一样，容许相对有限的身体扭曲的本领，在两个极端之间有一个确定的姿势范围：人的躯体被迫进入被束缚或被压紧的姿势，或者以最易受伤害的四肢摊开姿势向外展开。不管怎样，将囚犯双臂向身后铐在他们的铺位或牢房门上生成的许多图像，不可避免地让人想起耶稣被钉在十字架上的受难像。至少有一个人物画面即那张所谓的《被泼粪的男孩》（"Shit Boy"）照片（参见图36）似乎是基督形象（the Christ figure 或 the figure of Christ）的一个"独立式"版本。在这里，一名被粪便涂抹（很可能患有精神病）的伊拉克囚犯以一种看起来像是刻意编排的耶稣姿势被拍了照。

但是正是站在盒子上戴头罩的男子唤起了贯穿基督受难记（the Passion of Christ）整个图像库的图像志：头罩使人想起被嘲笑、被蒙住眼睛的基督；基座使人想起戴荆冕的耶稣像（Ecce Homo）[①] 和犹太人之王的模拟加冕礼；手臂的姿势使人想起"哀悼基督"（Lamentation）或"忧患之子耶稣"（Man of Sorrows），以及做着欢迎和拯救手势的复活的基督。

可以理解的是，这幅图像与基督教图像志有某种关系的想法已经引发了相当大的抵制。一方面，它似乎过多地抬高受害者，把他变成

[①] 拉丁语"Ecce Homo"是《圣经》中罗马帝国犹太行省总督本丢·彼拉多把荆棘冠戴在耶稣头上示众时所说的话，它意为"瞧这个人"，带有极度轻蔑的意味。此处用来指戴荆冕的耶稣像。——译者注

了一名圣战殉道者，他的出现可能与十字军东征（the Crusades）期间穆斯林被迫皈依基督教相呼应。另一方面，在一些评论家看来，它似乎取代了对一个真人的潜在同情，变成一种仅仅是象征性的态度。萨拉·森蒂尔斯（Sarah Sentilles）甚至认为，"耶稣受难叙事的应用保卫着帝国，而不是破坏它"。[3]我不清楚这种解读对帝国有何影响。它可能不会"破坏"帝国，但是它肯定以图形术语提醒我们，入侵伊拉克被阿拉伯世界的许多人视为基督教十字军东征（the Christian Crusades）的一种延续和一种彻底的帝国主义行径。我个人的观点是基督论的联想不是随意地或武断地"被应用"的东西，而是更像一种自动反应的东西，受到与世界上最著名的图像库之一出奇相似的影响。萨布丽娜·哈曼或数千其他观者似乎并未选择在这些虐囚图像中看到基督论的弦外之音。事实是这些联想不可避免，问题是如何理解它们的意思。

无论如何，图像志的联想并不局限于基督教图像志的共鸣。黑色的头罩和斗篷也与来自宗教法庭、三K党、其他异教团体、宗教的和世俗的秘密团体的图像产生共鸣。基督教图像志表现了一方面是施虐者或行刑者的形象与另一方面是受害者的形象之间出奇的相似性——唯一的区别在于头罩上眼孔的在场与缺席。[4]这一图像志的"押韵"被一幅著名的伊拉克壁画利用，将那个戴黑色头罩的男子与被描绘为正伸手去拉电源开关的三K党徒/施虐者的一个戴白色头罩的自由女神配对并置。（参见第6章关于这个图像的讨论，图27。）

那么阿布格莱布监狱档案的背后是色情图像与宗教图像的双重档案——淫秽与出奇神圣的一个混合体，（正如史蒂芬·艾森曼所显示）这个混合体唤起了西方绘画中心的情念程式（pathos formulae）①，在这种程式中，"受害者们被展示为正以他们自己所受的惩罚和痛苦为乐"。[5]艾森曼认为，这种熟悉的传统与对帝国权力的吹捧和对统治及酷刑的审美正当化密不可分地关联在一起，产生了使观者习惯于他们正

---

① "情念程式"（pathos formula 及其复数形式 pathos formulae）是德国艺术史学家和文化理论家阿比·瓦尔堡（Aby Warburg）创造的一个术语。瓦尔堡把古代经典的姿态和表情在历史中通过不同的题材和体裁不断复现的规律称为情念程式。——译者注

所见之事的道德恐怖的"阿布格莱布效应"。在艾森曼看来，这解释了为何这些图像如此容易在政治和心理上受到遏制，为何这些图像未能激起正当的公众愤怒。

相反，人们可能会争辩说，正是这种情念程式使这些图像令人难忘和极具感染力。（我暂时搁置这样一个事实，即很少有迹象表明，在阿布格莱布监狱被虐待的身体被描绘为美丽的受难者。）但是人们在这场争论中无论持何种立场，事实是这些图像似乎不断地回来困扰着这个以其名义生产这些图像的国家，同时引发对私刑照片、殉难和酷刑场景的屏蔽记忆。当这些图像首次出现之时，我们似乎已经看见过它们，就好像我们在识别一整套熟悉图像的回归，但回归是在一个新语境下，并由一种新技术所携带。

电影制作人埃罗尔·莫里斯预言，从现在起一百年后美国人对伊拉克战争的记忆和也许被称为"反恐战争"的整个事件都将集中于在阿布格莱布监狱制作的照片。马克·丹纳也许是对的，对这些图像的过分强调是一种往往会分散人们对图像背后之系统和故事的注意力的喜好窥视的拜物主义，但是丹纳自己的抵制证明这一图像集主导反恐战争中监禁和酷刑丑闻的方式。事实上，如果没有图片，那就不会有丑闻。口头报告无论多么详细或可信，都绝不会有这些照片的影响力。阿布格莱布监狱教给我们许多关于伊拉克战争的性质和反恐战争的更大框架的教训，它揭示了有关战争的意识形态动机和伴随战争执行的幻想的本质内容。特别是，它生动地说明了关于"阿拉伯人的思想"（Arab Mind）及其对某些禁忌之敏感性的幻想，这些禁忌像告诉我们关于阿拉伯文化的现实一样，它们也告诉我们关于美国的酷刑制度。[6]但是阿布格莱布监狱也为分析数字图像、数字档案的作用和这些图像及档案在当代政治文化中的作用提供了一个重要案例。说出"阿布格莱布"（Abu Ghraib）这个名字就是指称一个地方、一种制度和一个事件；但它也是指称一份摄影档案及其在当代视觉文化中的广泛传播，这是一种似乎不大可能会在短期内减弱的传播。

第 7 章　阿布格莱布监狱档案　109

插图 1　抬着用美国国旗覆盖着的象征在伊拉克牺牲士兵的模拟棺材的示威者，照片由布莱恩·史密斯（Bryan Smith）拍摄，源自《纽约每日新闻》（*New York Daily News*）（2004 年 8 月 30 日）。

插图2 （迎面页）汉斯·哈克：《凝视星星》（2004 年），由该艺术家提供。2010 年纽约艺术家权利协会（Artists Rights Society）／波恩 VG 绘画艺术（VG Bild-Kunst）版权所有。

插图3 佚名：《有卍字饰的爱国者》（*Swastika Patriot*）（2003 年 10 月 31 日）。承蒙《沙龙》杂志的马克·本杰明提供照片，源自美国陆军刑事调查司令部的阿布格莱布监狱照片主盘。

插图4　（迎面页）希尔德加德·冯·宾根（Hildegard von Bingen）：《世界图像》，源自 11 世纪到 12 世纪的一部拉丁文手抄本《圣希尔德加德·冯·宾根的幻象，上帝作品之书》（"Visions of Saint Hildegard of Bingen, Book of the Works of God"），描绘受到宇宙力量（空气、水和火）影响的亚当。承蒙艺术档案馆（The Art Archive）/卢卡公民图书馆（Biblioteca Civica Lucca）/吉安尼·达格利·奥尔蒂（Gianni Dagli Orti）提供照片。

插图5　佚名:《在山上祷告的摩西》(*Moses Praying on the Mountain*)(5世纪的镶嵌画,天花板的细部),意大利罗马马杰奥尔圣母堂(S. Maria Maggiore)。承蒙尼玛塔拉(Nimatallah)/纽约艺术资源(Art Resource)提供照片。

插图 6　弗拉·安吉利科（Fra Angelico）：《安葬基督》（*Entombment of Christ*）（1438—1440 年，主祭坛附饰画的细部），意大利佛罗伦萨圣马可修道院，德国慕尼黑巴伐利亚国家绘画陈列馆老绘画陈列馆（Alte Pinakothek，Bayerische Staatsgemaeldesammlungen）。承蒙普鲁士文化部图片库（Bildarchiv Preussischer Kulturbesitz）/纽约艺术资源提供照片。

插图7 （迎面页）弗拉·安吉利科：《对基督的嘲笑和鞭打……》（*The Mocking and Flagellation of Christ ...*）（1437—1445年，寝室壁画的细部），意大利佛罗伦萨圣马可修道院。承蒙艺术档案馆/吉安尼·达格利·奥尔蒂提供照片。

第 7 章　阿布格莱布监狱档案　115

插图 8　佚名：《先知与一位国王交谈》（*The Prophet and a King Converse*）（波斯萨法维王朝，约 1550 年，源自今天土耳其的一座清真寺）。不透明水彩、油墨和纸张上鎏金，21.3 × 30.0 厘米。2010 年波士顿美术博物馆（Museum of Fine Arts, Boston）照片版权所有。承蒙 1912 年的弗朗西斯·巴特利特捐赠（Francis Bartlett Donation of 1912）和图片基金（Picture Fund）（14.690）提供照片。

阿布格莱布监狱档案的意义是什么？它的边界是什么？它是不是完整的或完成的？它遗漏了什么？还有什么有待填补？我问这些问题，并非抱有我能对这一事件及其纪念物和文件的痕迹、对集体记忆和初生历史的碎片提供最后评估的任何幻想。现要说阿布格莱布将会意味着什么仍为时过早，它是否将成为国家耻辱的一个象征，即在淫秽的、色情的——也就是说神圣的——图像中涌现出来的它的政治与宗教无意识的一种揭露，或者这些图像是否将被安全地隔离为一个例外、一个异常或一个无特别利害关系的特殊插曲，迅速被吸收进入大众介导的图像流动。有一件事似乎可以肯定，这些图像将继续位于有关反恐战争在可预见未来的意义的争论中心。只要这场战争产生了在反对极端邪恶即威胁西方文明本身的伊斯兰法西斯主义的全球圣战中的大敌的一种新图像志,基督教中心图标的一个不露面容、戴着头罩的复制品即克隆人或"出奇的相似人物"的图像将会继续困扰要理解这个时期的所有尝试。

必须说,这种挥之不去的困扰很可能会在否认、隔离和"消灭"这些图像的持续努力中最为明显。美国政府已经尽其所能去遏制、控制和结束此案,结果是对这些图像的压制本身变成一个问题(它们不得不隐藏什么?),并引发有关它们可能包含内容的猜测。这是一个已经反复被宣布为"已结束"的经典案例,包括奥巴马政府决定继续压制阿布格莱布监狱档案的剩余部分,以及关塔那摩监狱、阿富汗巴格拉姆监狱和由美国中央情报局运营的未命名的隐形"黑狱"的虐囚照片证据。但是,要使敌人的图像或者(更确切地说)以我们的名义对敌人所做之事的图像消失的每一次努力,都激发了图像传播的新一轮复兴。就像正在全球每个角落的休眠细胞中增殖的被克隆的恐怖分子的形象一样,对这些图像的压制产生了一种克隆它们、增加它们病毒式传播的自相矛盾的效果。

我当然承认许多人会试图忘记或者想要忘记这些图像,或者把这些图像作为一种需要被"抛诸脑后"之事(如越南及其不可磨灭的图像)的令人尴尬的提醒而置之不理。这些图像与越南美莱村屠杀或犹太人大屠杀的图像相比的相对不重要性将被援引以最小化它们的重要性。拉什·林堡(Rush Limbaugh)臭名昭著地把这些照片比作无害的兄弟会入会仪式,这将有助于这一过程,而且这些图像的"已知的"特征作为"原初重复"(情念程式,即将这些图像比作私刑照片)将支持置之不理的说辞:向前走,这里没什么可看的。或者如果有什么要看的东西,那它是"已知的",已被司法程序完全理解和解释。

这些否认的脆弱性可见于伴随它们的基本判断的自相矛盾特点中:这些是恶劣的图像,但不是那么恶劣(而且恐怖主义需要严厉的措施);或者这些图像(有少数例外)并不是例外的,而是代表了"标准操作流程"。或者(反之)这些图像是例外的,并不代表在"反恐战争"的秘密监狱里有系统地发生的事情,在阿布格莱布监狱发生的事情是"九个坏家伙"(Nine Bad Apples)(埃罗尔·莫里斯的电影原片名)的责任,他们不应该被允许破坏整个木桶,更不用说控告使他们的存在不可避免的整个体系。

也许最阴险和最诱人的否认形式采取了"更多即为更少"这一判断的形式。正是这些图像的传播，尤其是所谓的戴头罩男子或阿布格莱布男子的中心图标，被认为是把图像简化为一个空洞的能指或"品牌"，就像一个公司标识。有人认为，戴头罩男子现在几乎像耐克对勾标志或 iPod 广告一样为人熟知这一事实具有中和并吸取其政治影响的效果。甚至一点巧妙的"文化恶搞"，如螺钉叉制图团队的"iRaq/iPod"（参见图 29），也被认为是图像之无力的证据。正如雅克·朗西埃（Jacques Rancière）在他对"图像的未来"的大体思考中提出的问题：

> 声称扰乱图像普通传播的所有批评、游戏和反讽形式难道不是都已被这种图像的传播吞并了吗？现代电影与批评界声称通过暂停叙事与意义之间的联系来打断媒体和广告图像的流动……但是像这样印在图像上的品牌最终是为品牌形象事业服务。剪切和幽默的程序本身已经成为广告业的惯用手段，通过这种手段广告业既能引起对其图标的崇拜，也能调动由反讽它的可能性所创造的对其图标的积极态度。[7]

但是朗西埃对这个结论的恰当性犹豫不决："毫无疑问，这一论点并不是决定性的"，而且有可能想象这种蒙太奇的关键性变得明显可见的情形，例如当它被重新安置"在博物馆空间里"之时，在那里这些情形将获得"阻碍交流洪流的作品光晕"（第 28 页）。

然而，这似乎很清楚（而且朗西埃也注意到了这一点），如此关键的重新安置不必发生在博物馆里，而是可以发生在研讨室或演讲室里、在日常谈话中，或者在首先注意到被嵌入在原地——在地铁站台或广告牌上的蒙太奇本身的迁移策略的瞬间恍然大悟中。在上文第 6 章中讨论过的丝网印刷海报"iRaq/iPod"本身是重新吸收媒体洪流中图像的一种反映。这张海报明确地并置了当代两种自我专注的形式，即戴着 iPod 耳机的有线舞者们的自我陶醉般自我愉悦与连接着电线的酷刑受害者所经历的一种截然不同的自我专注的对立图像。这两个图像都被简化为没有特色的轮廓,二者都被显示为无限期连续重复——我们一直称之为"克隆"的对象。它们在一起生成两个图像的一种转喻联系,这种转喻联系可能被人注意到,也可能不被注意到,更不用说被诠释了。正如朗西埃所指出的,"这种效果永远不能被保证"(第28页)。但是这又提出了更进一步的问题:拥有一个具有被保证效果的图像会意味着什么?这难道不正是克莱门特·格林伯格(Clement Greenberg)对媚俗作品(kitsch)的定义吗?它规定并试图编排可预测的、被保证的反应。[8]更根本的是,一个图像的力量究竟是某种可以被其自主的、自我确证的存在所保证的东西吗?或者,我们是否需要问一些更进一步的问题:什么样的力量?对谁的影响?在什么情况下?

就像引发这场战争的世界贸易中心被毁的不可磨灭的图像一样,这些图像将永远与这个时代联系在一起,并将标志着这两场战争的一种终结点。不可避免地伴随着阿布格莱布男子图标的一句话是"战争结束了",即由高速公路博客作者在洛杉矶一条拥挤高速公路上方的一个设施上以图形方式表达的一种情感(参见第1章中的讨论)。这句声明也反映了一种共同的军事智慧,即认识到阿布格莱布监狱档案的出现是美国在伊拉克军事冒险的决定性失败。美国西北大学海军预备役军官训练团(Reserve Officers' Training Corps,ROTC)指挥官丹·摩尔(Dan Moore)上校也是一位军事理论家和历史学家,他在这些图像首次出现时就认识到它们的"终结性"特点。正如2004年6月他在西北大学关于这些照片的首次宣讲会上所说,"这些图像对美国在伊拉克的战争努力的破坏性比任何大规模杀伤性武器都更大"。鉴于之前对伊拉克拥有大规模杀伤性武器、是"9·11"事件的幕后黑手或支持基地组织这些说法的质疑,这些图像意味着这场战争的最后仅剩托词即这场战争代表一场道义的甚至宗教的解放运动的终结。[9]当然,在这张照片的构图里,高速公路博客作者声称"战争结束了"的说法立即被迎面而来的车流所讽刺,这些车里满是会驾车驶过而不曾注意到这一图像的未察觉的驾车者。这些就是朗西埃所谓的"景观社会的心满意足地沐浴在图像洪流中的可怜傻瓜们"(第28页),他们正开着由来自中东的廉价石油提供燃料的汽车在高速公路上行驶。在原地,这张照片将阿布格莱布男子重构于一个既说战争(道义上)已结束、又说战争

（实质上、物质上）在继续的人物画面中。任何对朗西埃所谓的图像中克服对景观漠视的"过度力量"的主张（正如他所坚持的），都与对景观本身的高估和对其影响下的傻瓜的低估一样过于简单。

或许需要被质疑的正是图像的力量（或无力）的语言，以及随之而来的对政治功效或审美功效的"保证"的渴望。史蒂芬·丹尼尔斯（Stephen Daniels）注意到高速公路博客作者的这幅图像与约翰·列侬的著名海报《战争结束了（如果你想要它）》相呼应，这种关联为这幅图像的功效提供了一个更好的线索。[10]我一直在提议的取代力量语言的是一种情感和渴望的语言，即我们想要从图像中得到什么和图像想要从我们这里得到什么，"想要"意味着"缺乏"，也意味着积极的需求或需要。[11]当然，人们一直渴望阿布格莱布监狱图像具有到目前为止它们尚未获得的一种决定性的力量和影响。这种渴望在紧接着这些图像被揭露后的这段时间尤为强烈，当时人们希望这些图像是会使制造出它们的政府垮台的"在冒烟的枪"，但是这种渴望包含一种含蓄的承认，即图像（如同"在冒烟的枪"）不会像能被随意利用的蓄电池一样随身携带能量储备。或者更确切地说，图像的确拥有的任何力量都像梦想拥有的力量一样，即一种等待阐释和行动的渴望的结晶，或者像在冒烟的枪一样，亦即一系列等待适当审判日的证据。

雅克·朗西埃对当代艺术三大类别的分类可能为我们提供了一种精确描绘阿布格莱布监狱档案中心图标的方法。朗西埃区分了他所谓的"赤裸图像"（naked images）、"明示图像"（ostensive images）和"比喻图像"（metaphorical images），第一类相当于纪实图像和法医图像，第二类相当于具有其即时可识别性的图标性图像，第三类相当于跨越不同媒体环境具有其流动性和易变性的图像（第22—24页）。戴头罩男子的图像（以及许多这类色情图像）明显符合朗西埃的"非艺术"图像中的"赤裸图像"类别，以来自集中营的照片作为例证。戴头罩男子图像的形式简洁和正面描绘将它与明示图像"以面对面的发光力量打断历史和话语"的钝性存在联系起来，"面对面的发光力量"是文化图标或偶像的特有力量，也是很久以前被迈耶·夏皮罗（Meyer Schapiro）称为"状态主题"（theme of state）的一种效果，即一种特别适合君主画像的形式。[12]而且在其跨越不同媒体环境的病毒式传播中，戴头罩男子这一图像代表比喻图像的运作，正如它在 iPod 广告中的嵌入一样。这样看来，很难想象在当代媒体领域中还有另一个在做如此多事情但似乎收效甚微的图像。这就是为何它的唯一保证是值得记忆性，而它的唯一力量是唤醒对即将到来之正义的渴望。

但是这也提出了文化记忆本身的物质基础和技术基础的相关问题。阿布格莱布监狱档案的另一种意义是它在重新定义档案这一概念方面的重要性。阿布格莱布监狱可能代表了档案历史——并且因此是历史的历史——本身一个全新的时刻。正如传统上所理解的，一份档案是保存过去某些方面——一个事件（内战）或一个时期（一个总统任期、一个文学或艺术生涯）的一个文献、物品和记录的集合。它是由某种权威建立，并且是基于要保存、记住、收集和提供对未来开放的一段历史遗迹的一个权威决定。尽管档案中的物品是过去的遗物、记忆的辅助物，但是档案作为一种建制总是指向未来。正如艾伦·塞库拉所指出的，早期的摄影档案在另一个意义上具有双重使命：将肖像画的尊贵扩展到中产阶级消费者，以及通过将离经叛道者、穷人和罪犯阶层存档来服务于社会治安维护。礼貌和治安维护生产出塞库拉所谓的"围绕一整个社会领域"的一种"影子档案"。[13]在这个意义上，阿布格莱布监狱档案的内容是完全传统的。在"礼貌"这一边是照片的平凡性，即它们被当作带回家要与朋友分享的纪念品这样的感觉。萨布丽娜·哈曼解释了她甚至会在恐怖场景中对着镜头微笑并做出竖起大拇指手势的习惯仅仅是一种礼貌的本能反应。在治安这一边的事实是这些照片是犯罪现场的照片，并成为随后的司法程序中的主要证据。萨布丽娜·哈曼甚至声称她拍摄这些照片正是为了记录她所知的犯罪活动的目的。[14]

究竟是什么使得阿布格莱布监狱档案新颖和与众不同？当然，部分原因一定是文档的中心合集是虚拟的（伴有在其文件中被自动编码的元数据的一个数字图像主体），而且档案本身——其位置、结构和检索系统——也是虚拟的。当然，这些图像的数字特点已对它们的传播产生重大影响，赋予它们以其臭名昭著的病毒性特点，抵制所有隔离和遏制的企图。数码相机是一种与模拟相机截然不同的技术设备：数码相机不仅重量轻、易于隐藏，而且以前所未有的方式与一个巨大的复制与传播基础设施相连接。萨布丽娜·哈曼的索尼数码相机（Sony Cybershot）——我自己也有一部——可以被塞进一个口袋里并连接到一台计算机上，从而在仅仅几秒钟内下载它的图像。我们必须把数码相机看作不仅是个人双眼和记忆的一种延伸，而且是在通过电子邮件和互联网上的帖子与全球的集体感知、记忆和想象网络紧密相连的。阿布格莱布监狱的一些图像已经在充当该监狱中笔记本电脑上的屏幕保护程序，而且军方要宣布一次（适当命名的）"赦免"的努力是完全徒劳的。

重要的是也要认识到数码照片产生了合法性与可信度的一种新维度，即一种对真实的新主张。[15] 像克隆的生物控制过程一样，数字图像构成了一种同时（像传统照片一样）复制模拟外观和生成那种外观的无形数字代码的"复式簿记"技术。我们可以把这看作是"图像的DNA"，而且正是它允许无限期地克隆精确的副本和它们的生产过程的痕迹。假如阿布格莱布监狱照片是用传统的模拟照相机拍摄的，那么要确定它们的出处、确定拍摄的日期和时间就会困难得多。但是数码照片不显眼地而且（通常）不可见地随身携带着元数据。塞库拉所谓的摄影文献的"真相装置"不再被划分为其视觉权威和"将文献存档的'情报'的官僚文书统计系统"。[16] 这就好像数字图像被直接连接到存储它们的档案柜里，连接到使它们的传播成为可能的检索系统，同时随身携带着自己的存档系统作为它们自动性的一部分。[17] 美国陆军刑事调查司令部的一名调查员布伦特·帕克（Brent Pack）能够通过检查文件的页眉来具体说明每张照片的确切日期、时间和照相机。很像在调查犯罪现场可见证据的法医分析人员一样，帕克能够远远地超越可见踪迹找到潜藏在图像下面的基因代码。帕克因整理阿布格莱布监狱摄影档案的娴熟工作而获得了计算机法医学的蒂莫西·菲德尔纪念奖（Timothy Fidel Memorial Award）。经验丰富的侦探帕克在接受埃罗尔·莫里斯的采访时评论道，"超过一半的犯罪都是因为罪犯做了某种蠢事才得以破案。拍摄这些照片是极其愚蠢的"。[18]

但是这不仅仅是愚蠢的，而且在这一档案开放的过去和将来，越来越明显的是在照片产生的过程中有某种"历史的狡黠"在起作用。对这些照片的主导阐释一直是它们被当作来炫耀的"战利品"，这是自古以来士兵们的一种通常做法。

但这并不是唯一的动机（这可能只解释了"九个坏家伙"中主要的施虐狂查理·格拉纳）。西摩·赫什曾猜测，其中一些照片是受到中央情报局和其他政府机构审讯人员的鼓励作为"软化"囚犯的一部分，让囚犯知道他们耻辱的裸体正在被（通常被女性）目击和记录下来，并可能利用这些图像作为胁迫来帮助逼取有关叛乱的信息。[19]（当然，叛乱是将阿布格莱布监狱首先"关塔那摩化"的首要动机。谁知道我们何时将看到来自关塔那摩监狱或巴格拉姆监狱的照片档案？）

然后还有萨布丽娜·哈曼，她当时给家里的女朋友写信，这些信把她自己的动机描述为将照片用于法庭。[20]"我现在拍摄了更多照片以记录正在发生的事情。没有多少人知道这种烂事在发生。我现在想在这里的唯一原因是为了得到这些照片来证明美国不是他们所想的那样。"[21]阿布格莱布监狱的第一个"侦探"，也就是它的第一个法医档案管理员可能是萨布丽娜·哈曼，即在许多照片中呈现为"竖起大拇指"女孩的那个漂亮、面带微笑的女同性恋者。哈曼的行为已受到严厉谴责，并且经常与私刑照片中白人脸上的欢快表情联系在一起。但是她的口头证词无论是当时所写的还是她之后所说的，都使这些图像以一种不同的方式鲜活起来。我们将在下一章返回到这些图像的这种"第二"或者也许"第三"生命。

因此，有关阿布格莱布监狱档案及其照片中心合集的一切似乎都有一种双重的、模棱两可的特点。它们的生产是由官方批准以收集情报为目的吗？或者它们的生产违反了相关的规章制度吗？当然，它们构成了对《日内瓦公约》（the Geneva Convention）和《统一军事司法法典》（Uniform Code of Military Justice）的一种违反，但是正如我们所知，到这时，《日内瓦公约》已经被美国总统及其律师们宣布为"古怪的"（quaint）和过时的。关塔那摩湾拘留所的指挥官杰弗里·米勒（Geoffrey Miller）少将在支持他的国防部长的授权下已被派往阿布格莱布监狱，要对在夜间突袭中被拖进去的数百名囚犯"强硬起来"（get tough）。

这不仅仅因为这些照片是犯罪证据，即可以像任何案件卷宗中的证据（面部照片、犯罪现场照片）一样被研究的一种法医线索主体，而且因为这些照片的制作本身就是犯罪。关于阿布格莱布监狱最奇怪的反常之处是酷刑的实际作恶者即那些在身体上殴打和杀害伊拉克囚犯的人大部分仍不为人知。他们是情报人员、独立承包商和"其他政府机构"（OGAs）的"影子档案"，这些人是在围绕含有其犯罪行为的图像而构建的画面之外——并在画框之外。唯一被判有罪的人是那些目睹了犯罪行为并给他们拍照的人，特别是那些允许他们自己在犯罪现场被拍照的人。例如，专业军士萨布丽娜·哈曼就没有在身体上虐待过任何囚犯。她被判的唯一罪行是拍照，为此她被判处6个月监禁。[22]梅根·安布尔（Megan Ambuhl）认为，假如"图像赦免"曾奏效，并且所有照片都已被归还，那么整个丑闻就永远不会被揭露出来。[23]可以肯定的是，拍摄了大部分图片的查理·格拉纳的确对一些囚犯进行了身体上的虐待，但是他似乎是在画面之外的"幽灵"的充分鼓励和指导下才一直在这样做的。在这些施虐当中，格拉纳还因其出色的工作而收到了一封官方嘉奖信。[24]

正如德里达所指出的，在档案的概念中存在一种基本的张力，档案一方面作为建筑的——一个地方、机构、建筑物，甚至是保存文献的一个方舟，而另一方面作为一个法律、判决、天父即统治者的法令、传统的声音、记忆、面向现在和"即将到来"之未来的一段时间的告诫。监狱是这种双重原则的完美实例化，它是一个地方，即一个被建立来执行法律的具体的建筑结构。监狱里的囚犯们和对他们的罪行进行分类并判定其刑期长短的文献构成一个刑罚系统的档案。阿布格莱布监狱是其档案的这一形象向其档案的对立形象即作为第一个明显可见地执行反恐战争特殊法律制度的法律建制转变的例证。在2003年10月最黑暗的日子里，阿布格莱布监狱是一个近乎处于完全无政府状态的无法无天之地，充斥着未被记录在案的囚犯与狱卒，即"幽灵般的被拘禁者"与同样幽灵般的审讯者。这些照片从这里档案的黑暗迷宫中出现，成为威胁要打开所有黑暗通道的光束。因此不足为奇的是，官方的遏制行动采取了谴责这些图像本身是犯罪的形式，而非官方的策略则是夸大这些图像的力量，然后谴责它们在使战争结束方面的无能为力。但是阿布格莱布监狱档案还远未被用完。遏制行动失败了。真正的作恶者即那些创造了阿布格莱布监狱档案所代表的无法无天法律体系的人在等待着这一档案所要求的判决和它仍然包含的教训。

第 8 章　文献知识与图像生命

> 正是图片将终止这场战争。
> ——布莱恩·德·帕尔玛（Brian De Palma），2007 年
>
> 每一张照片都是给我们敌人的子弹。
> ——参议员林赛·格雷厄姆（Lindsay Graham）

如果图像有活起来的倾向，那么它们并非总是以同样的方式活起来。[1]当一些图像似乎回望我们之时（某些印度教女神被认为只有在被画上眼睛时才会活起来），它们就呈现出生命力；另一些图像则是当它们开始移动（因此整个媒介被称为"动画"）之时就呈现出生命力；还有一些图像是当它们说话之时（要么是由于口技，要么是添加了录制的配音），或者当它们变得"可读"（通过添加文本、说明文字或通过解码）之时，它们就呈现出生命力。还有那些最有生气的图像，那种图像仅需要被一个人看到就能活起来——扎根于记忆和想象之中，正如叶芝所说，"将要生产的鲜活图像"。从这个角度来看，一份图像档案类似一张苗床，在其中图像就像种子一样被种植，等待着春天使它们复活和进入光明之中。或者相反地，档案可能就像一个地下室，在其中图像已经被安葬、密封，远离光明。打开这个方舟将引发一场图像瘟疫。

这两种思考阿布格莱布监狱档案的方式在其短暂的历史中一直在发挥作用，这是丑闻辩证法的一个经典例子，即公开力量与保密力量、披露力量与审查力量之间的一种斗争。从最初要从源头上销毁这些图

像的努力及一次"图像赦免"的声明——从字面上来说是将其遗忘的一种呼吁——到奥巴马政府最近决定对这些为数众多的未公布图像（连同来自巴格拉姆监狱、关塔那摩监狱和其他"黑狱"的它们的无数同胞）继续保密，国家权力的力量一直站在黑暗、保密和加密的一边。[2]

自相矛盾的是，也许在保密这一边最有力的武器一直是把那些已经公开的图像本身和在其中出现的那些人作为极端特例而迷恋。换句话说，一旦猫从袋子里出来，并且图像赦免失败，那么重要的是宣布这只猫是一个怪物，即一个完全不寻常的、前所未有的生物——亦即"坏家伙"策略。2009年4月布什政府对之前被列为机密的酷刑备忘录的公开充分表明阿布格莱布监狱的刑事责任在于白宫。

但是"坏家伙"品种的一个谎言正是人类学家迈克尔·陶西格（Michael Taussig）所谓的"公开的秘密"。那就是说，众所周知，一份官方的公开声明（例如，"美国不施行酷刑"）散布着无声的、看不见的星号注释，诸如"根据我们对酷刑的定义"或者"作为一个政策问题"。[3]这些星号注释使这个谎言"在某种意义上"可能成为真实的，这种意义是已被小心地明确表达于因国家安全原因而不能被披露的秘密资格声明中。这相当于这个民族国家的孩子们边在背后交叉手指①祈祷边说谎的游戏手法。

但是现在交叉的手指被暴露出来，至少是部分暴露了。这些秘密的酷刑备忘录是公开的。然而，未公开的是那些会表明这些备忘录对实际人体的影响的可见证据。这证明了人们普遍确信，图像比文字更为有力，奥巴马政府愿意公布文字备忘录，而非其效果的可见表现。相对较少的人会自己阅读备忘录，然而正如阿布格莱布监狱戏剧性地所表明的，这些图片却会胜过千言万语。这不仅仅是图片有潜能释放出的单词的数量，而是图片的不可控制和不可预测的特性，即它们跨

---

① 英语短语"with one's fingers crossed"直译意为用手指交叉。在美国，食指与中指两指交叉的两种方式分别代表两种含义：一种方式是手指正大光明的交叉，代表祈求好运或愿望成真，此说法的英文动词短语包括"cross one's fingers""keep one's fingers crossed"；另一种方式是手指藏在背后交叉，代表这是个善意的谎言，祈祷不会因此受到惩罚。——译者注

越语言和领土边界病毒式传播并激发即刻的大众情感的能力。例如，假设还有另外一个正潜伏在仍被加密档案黑暗深处的图标性图像，即另一个像戴头罩男子图像或同性恋恐惧症的裸体金字塔图像一样强有力的图像。假设有（如广泛谣传的那样）强奸、鸡奸、虐待儿童或亵渎圣物的图像，怎么样？我们已经看见一个从地下室逃出来的自我虐待的图像（参见上文第 6 章中讨论的插图 3《有卍字饰的爱国者》）。持续的审查虽旨在防止另一场图像瘟疫的蔓延，但实际上可能会产生恰恰相反的效果，因为（正如每一个恐怖影片导演都知道）它会让那个怪物隐藏在黑暗中，并在由谣言灌输的想象中和由这一公开的秘密引发的集体恐惧中自由生长得越发可怕。

　　幸运的是有电影。克隆恐怖的时代也是电影现实主义（filmic realism）的大好时期，其范围是从直接纪录片到历史小说，再到真实事件的再现。以迈克尔·摩尔（Michael Moore）为榜样，整个辩论性、参与性纪录片的传统在这一时期以前所未有的大众吸引力蓬勃发展。诸如优兔网和推特网等社交媒体的出现把每一个公民都变成了一个潜在记者，把每一个无辜的旁观者都变成了其证词可以被上传到全球神经系统的潜在目击证人。换言之，克隆战争和反恐战争在这一时期已成为实现了马歇尔·麦克卢汉的有线地球村预言的时期——不是作为许多人误解他所预期的和平的乌托邦，而是作为他预言的地球村将成为的一个暴力和危险之地。[4]

　　在所有这些媒体现实主义之中是阿布格莱布监狱的照片，这些照片本身是在媒体革命的首批产品当中，被以有关在时间和空间上一种索引的、被指示的现实之模拟和数字信息双重编码。这些图像不可避免地将成为电影记录的对象。一方面，结果是至少有 19 段发生中的施虐的视频片段，这是一个电影原材料的储备库。另一方面，结合了这些图像现成的纪实状况的直接的政治利害关系使它们和电影的创始使命之一——使照片活起来非常适配。

　　在罗里·肯尼迪的《阿布格莱布的幽灵》（2007 年家庭影院频道）和埃罗尔·莫里斯的《标准操作流程》（2008 年索尼电影公司）问世之前，围绕这些图像的大部分语言是描述性和阐释性的。这些照片中所描绘的人物被困在图像中，就像著名的芭芭拉·克鲁格（Barbara

Kruger）的照片上题写着这样的铭文："救命，我正被囚禁在这张照片里。"关于那些美国士兵，他们已被很详细地谈论过，但是他们自己的声音却没有被听到。（我们应该注意到，伊拉克被拘留人员的声音仍然没有被充分听到。）肯尼迪的影片和莫里斯的影片通过用纪录片可用的最直接的手法，也就是采访，产生了一种使士兵们从他们无声无言的图像监狱中解脱出来的震撼效果。

除此之外，二者的影片在方法上是相当不同的。肯尼迪的影片在结构上是新闻性的，构建一个整体叙事时用了多种证据：对参与者的采访，以及对"接受访谈的专家"即政治、法律和酷刑心理学方面的专家的采访。另一方面，阿布格莱布监狱中的"幽灵"仍保持沉默和隐形。肯尼迪的影片中提到了被谋杀并从记录中消失的幽灵囚犯和其他政府机构的幽灵特工人员，但却没有努力用电影手法去呈现他们。肯尼迪的这部影片提供了对整个阿布格莱布监狱丑闻的一个"客观的"介绍，这一介绍早在2007年就明确表明了整个刑事责任链。

相比之下，莫里斯的影片是刻意呈近视视角的，是一个放大镜，不懈地聚焦于那些图片本身、围绕它们产生的确切事件及情境、出现在那些图片中而且其生活被它们破坏了的美国士兵。莫里斯对再现的强调产生了影片能在一个空旷空间里制造的一种恐怖的、幽灵似的光晕，事实上，他用将幽灵囚犯和幽灵审讯者的幻影形象带入场景的特技效果使这种幻想得到确实呈现。莫里斯对"坏家伙"的采访采用了他常用的"正面"方法。他将采访对象置于一个空白的、牢房似的背景下，并使用他的获得专利的（基于电子提词器的）"询问装置"（Interrotron）来消除采访者的所有视觉迹象。这种正面方法与肯尼迪对其采访的侧面视域的强调形成对比，有时背景中会出现采访对象的家庭环境。

那么，互换这两部影片的片名就是讲得通的。肯尼迪是真正记录了使阿布格莱布监狱成为一种"标准操作流程"症状的指挥链的那一个人。但是莫里斯对这些外部因素就不那么感兴趣了。他的目标是使观众沉浸于被他的受访者之一即私人承包商蒂姆·杜根（Tim Dugan）描述为的阿布格莱布监狱即一个"你不得不认为你自己已经死在那里"的地方的"超现实的"氛围当中。如果肯尼迪提到阿布格莱布监狱的幽灵，莫里斯则力图带我们进入1A栋牢房楼（Cell Block 1A）的鬼屋即虐待发生的"地下场"（hard site）。他甚至花了相当多的费用在好莱坞的一个摄影棚里重建了这栋牢房楼的精确模型，再现了许多场景，而美国士兵的证词则是以伴随着视觉画面的画外音状态作为背景声音。莫里斯只是通过对贾尼斯·卡尔平斯基（Janis Karpinski）将军的采访才间接提到了指挥结构，卡尔平斯基将军被军方特别挑出作为军官阶层的替罪羊，她对这起丑闻持有可以理解的有倾向性观点。[5]莫里斯带入这部电影的唯一"客观的"见证人是布伦特·帕克，这位刑事调查司令部的调查员对这些照片进行了法医分析，确定了照片的时间表和拍摄每张照片的特定相机的身份。即使是这种枯燥和技术性的证据也因网络空间中阿布格莱布监狱照片"聚集"的令人眼花缭乱的图像表现（也许受到《星球大战》的启发）而变得鲜活起来，仿佛它们是在外太空中飘浮着的随机光点，慢慢地聚集成时间和空间秩序的模式。丹尼·埃尔夫曼（Danny Elfman）［一位电影作曲家，他的作品包括《蝙蝠侠》（Batman）、《蜘蛛侠》（Spider-Man）和《终结者：救世主》（Terminator Salvation）］的音乐为视觉画面提供了不祥的、戏剧性的背景。罗伯特·理查森（Robert Richardson）［他与奥利弗·斯通（Oliver Stone）做了广泛合作］的电影摄制艺术提供了令人眼花缭乱的特技效果——从下面透过玻璃拍摄的萨达姆·侯赛因煎蛋的超级慢动作表现；从淋浴器喷出的水花以水晶似的小水滴在观众脸上爆裂；在萨布丽娜·哈曼的噩梦再现中，一架燃烧的直升机朝着我们坠落。唯一缺少的是3D技术。

在《标准操作流程》中，埃罗尔·莫里斯的影片风格变得奇怪。他最为人知的身份是一名调查性法医电影制作人，曾有作为私人侦探的第二职业生涯，现对深入了解被谎言、错误信念和预先判断所遮蔽的情况的真相有着痴迷的兴趣。他的杰作《细细的蓝线》（The Thin Blue Line）产生了把一个在得克萨斯州的法庭上曾被误判谋杀罪的男子从监狱中解救出来的有益效果。莫里斯对各种参与者的采访具有提出了有关谁可以真正被相信这一问题的效果，而且他的这些再现尽管违反了"直接"纪录片的禁忌之一，但它们却用图像的清晰性确定了控方对这起谋杀的描述是不可能的。然而这些都是在法庭上可能有效的那种法医再现。它们以一种示意图的、刻意不现实的风格重新上演了与另类言语叙事相对应的这一组事件。但是《标准操作流程》的这些再现却有一种完全不同的效果。到了它们给人以"被上演"之感的程度，它们当然不会欺骗任何人使其产生相信他们是阿布格莱布监狱目击者的错觉。[在这一方面，《标准操作流程》的这些再现可能与史蒂芬·斯皮尔伯格在《辛德勒的名单》(Schindler's List) 中对奥斯威辛毒气室的幻觉再现形成对比]。然而，与此同时，作为检验相互矛盾的故事之可信性的方法，这些再现几乎没有什么法医效用。它们的效果反而是增加事件的超现实特点，使观众沉浸在监狱的噩梦般的恐怖电影氛围之中。这就好像莫里斯的法医本能及他作为一名侦探的职业已经陷入了电影侦探故事即黑色电影 (film noir) 的一般性死胡同。莫里斯把我们带进了阿布格莱布监狱的黑暗之心，但还不清楚他是否能找到出路。

那么，莫里斯的影片揭示了什么？我认为有三点：第一，上一章讨论过的数字图像的全新特点，作为真实事物复式簿记的数字图像将模拟的、图标性表征与数字化的元数据结合起来作为摄影术的新自动性；第二，阿布格莱布监狱虽然代表了由中央情报局和五角大楼所宣扬的"标准操作流程"，但其特殊程度仅在于它是一个被围困的监狱（与关塔那摩监狱形成对比），也是一个未经授权的照片被拍摄和传播的地方；第三，对主要演员之一即萨布丽娜·哈曼的新认识，这部影片把她从一个在斜眼而笑、竖起大拇指、使人联想到美国私刑照片中愉快看客的女孩转变成一个意识到正在发生的犯罪并决心为了世界而记录它的有良知的女性。

最后，还有我们要从《标准操作流程》中吸取的第四个教训，那就是通过把照片当作窥探历史事件真相的锁孔我们对过去事件能够了解多少的局限。莫里斯宣称，从现在起一个世纪后，这些图像将是我们对伊拉克战争的记忆。布什政府竭尽全力打造自己成功和胜利的图标性图像，从用美国国旗罩住萨达姆·侯赛因雕像，到使命已完成的拍照时机，再到萨达姆被捕获后的牙齿检查录像带。但是这些图像没有一个能站稳脚跟，除了对被判断错误的宣传进行令人尴尬的曝光。由在阿布格莱布监狱备受指责的美国士兵们拍摄的未经授权的、非法的且未被成功压制的这些业余照片仍将留存为伊拉克自由行动之图标。

这个事实不能用法医的方法来解释，莫里斯自己对戴头罩男子之谜的研究表明了这一缺口。2006年3月11日《纽约时报》把阿里·沙拉尔·凯西（Ali Shalal Qaissi）误认为美国士兵们所谓的"爪人"（Claw Man），"真正的戴头罩男子"这一难以捉摸的形象成为2007年8月17日莫里斯的《纽约时报》博客的主题，其博客试图纠正这个误解。在为《标准操作流程》准备背景资料时，莫里斯（和其他许多研究人员一起）已经发现这个戴头罩男子实际上是阿卜杜·侯赛因·萨阿德·法勒（Abdou Hussain Saad Faleh），绰号叫"吉利根"（Gilligan）。莫里斯从这个错误中得到一个关于摄影的教训，即"摄影本身在被弄错的识别中所起的中心作用，以及摄影容易导致这些错误并且甚至可能产生这些错误的方式"。这就好像照片，凭借我们赋予它们的权威，再加上我们自己的偏见和先入之见，"吸引错误的信念——就像苍蝇纸吸引苍蝇一样"。

莫里斯对摄影的真理主张的怀疑性解构引起数百个回应，主要是同情的回应。在接下来的几周里，《泰晤士报》（The Times）的喜爱智力游戏的失眠读者们尝试并讨论了数十种假说。然而，随着讨论的继续进行，这种对照片背后"深层真相"的寻找开始撞上阻力之墙。回应者们开始指出，对照片背后真相的执着寻找正在忽略一个更大的要点，即戴头罩男子的实际身份与其图像的力量无关。事实上，人们可能会表达得甚至更强烈，并坚持认为，正是戴头罩男子的匿名性才是这幅图像之力量的关键。

一张照片的指涉，即被它"捕捉到的"真实物体或事件，与它作为一个文化图标可能获得的意义是不一样的。理解这种意义只能通过仔细观察作为一个形式的、图像志实体①的这张照片本身并追踪它在观

---

① 亚里士多德在《形而上学》一书中指出，一个特定事物的实体来自形式与质料两者的结合，质料是事物组成的材料，形式是事物的个别特征，描述了事物的本质，形式把那些没有确定形状的质料聚集在一起，才构成了一个有定形的个别实体，因此形式是真正的实体；一个实体的形式就是使该实体成为"这一个"实体的东西，即作为本质的实体。形式是古希腊哲学中的重要概念，形式与质料作为亚里士多德"实体论"的一部分对后世的哲学产生了重大影响。——译者注

众中的接受程度。如果唯一的戴头罩男子的照片是由萨布丽娜·哈曼从侧面拍摄的侧影照片，那么它就不会是当今世界上最著名的图像之一。正是这一戴头罩男子图像的正面姿态及其对称性为它的图标性力量提供了形式条件。那么问题就不是"这个戴头罩男子是谁？"，而是[引用詹姆斯·阿吉（James Agee）对沃克·埃文斯（Walker Evans）拍摄的佃农照片的提问]"将要研究这些照片的你是谁……你打算做些什么？"[6]我相信莫里斯是对的，这是将会被记住的伊拉克战争的形象，但它不会因它不是爪人而是吉利根而被记住。这个形象将被记住的原因正是萨布丽娜·哈曼当初拍照时的动机：它使我们想起了耶稣。诚然，这是一种新的耶稣，其备受折磨的面容对我们隐藏了的耶稣，其泰然自若在这个充满压力的时刻被静态摄影转变成了一个不可磨灭的图标，标志一个基督教国家在它解放中东的圣战中的战果。

第9章 美国国情或者耶稣来到阿布格莱布监狱

> 这个类比正是神学—政治的所在,即神学事物与政治事物之间的连字符或转化。它也是承保政治主权的基础,即上帝(或基督)的身体在国王身体中的基督教的化身,亦即国王的两个身体。
>
> ——雅克·德里达,《什么是"相关的"翻译》("What Is a 'Relevant' Translation")
>
> 从敌人出现的那一刻起,敌人就消失了。
>
> ——吉尔·阿尼德贾尔,《犹太人、阿拉伯人:一段敌人的历史》

在对阿布格莱布监狱、伊拉克战争或反恐战争的艺术回应中,是不是潜藏着一幅《格尔尼卡》(Guernica)①,即对这一历史暴行进行艺术反思的一幅杰作?¹ 可能不是。这张戴头罩男子的照片不是一幅杰作(masterpiece),而是一个主图像(master image)——一个元图像。正如先前我已指出的,在它出奇地再现人类克隆图像(参见上文第3章中保罗·麦卡锡的《克隆体》)、它的病毒式复制与传播、它与基督受难记图像志的相似性这些方面,这张戴头罩男子的照片具有一种类似

---

① 《格尔尼卡》是西班牙立体主义画家帕勃洛·鲁伊斯·毕加索于20世纪30年代创作的一幅巨型油画,长7.76米,高3.49米,现收藏于马德里国家索菲亚王妃美术馆。这幅油画是围绕法西斯纳粹轰炸西班牙北部巴斯克的重镇格尔尼卡、杀害无辜的事件而创作的,采用了象征性手法和单纯的黑、白、灰三色营造出低沉悲凉的氛围,渲染了悲剧性色彩,表现了法西斯战争给人类带来的灾难。——译者注

于企业标识或标志的地位。作为一个元图像，它成为图像生产本身的一个图标，象征着图像在生物控制论时代的新地位。作为图像力量的一个图标，它在无力与无限威力、屈辱与神化之间摇摆不定：它既是受害者的图像，也是大规模杀伤性仿生武器的图像（参见上文第6章中大卫·里斯的《仿生阿布格莱布男子》）——在瓦尔特·本雅明的意义上表现"处于停顿状态的历史"（history at a standstill）的一个真正辩证的图像。

当涉及艺术作品时，也许伊尼戈·曼格拉诺-奥瓦列的《幻影卡车》（参见上文第6章中图20）将提供对作为一个整体的反恐战争的最佳的神秘纪念。它不是一幅绘画或照片，而是一个装置，这非常合适，而且它几乎不可能在一幅图片中表现出来。《幻影卡车》呈现给观者的不是一个清晰、可辨认的形象或空间，而是一个神秘莫测、阴暗朦胧的结构。它是关于隐形、保密和一种没有奇观的恐怖主义，在唤起更为恐怖和阴险的生物恐怖主义策略——从朦胧与阴暗中显露的不可想象和无法辨认的事物。它要我们沉思在几乎完全黑暗之中遇到一个为想象的开战理由建造的纪念碑意味着什么？[2]

图31　理查德·塞拉：《阻止布什》（*Stop Bush*）（2004年），2010年理查德·塞拉/纽约艺术家权利协会版权所有。承蒙高古轩画廊（Gagosian Gallery）提供照片。

至于阿布格莱布监狱，乍一看，似乎尚无任何伟大的艺术作品是以这些照片为基础的，尽管一些重要的艺术家已做了这种尝试。理查德·塞拉（Richard Serra）也许是处理这一主题的最著名的艺术家，其结果是用可能摆脱了熔化的铅和颜料的奔放而匆忙的绘画笔触恰当地体现了高超技艺。但是，正如人们所能看到的，它因此更多的是关于绘画，而不是关于阿布格莱布监狱，这就解释了为何需要潦草的铭文，将图像的时间牢牢确定于一个过去的时刻："阻止布什"（参见图31）。

需要被阻止的不仅仅是布什，而且"它"——被称为反恐战争的一场不可名状的、阴暗的冲突——仍在继续。我更喜欢的是汉斯·哈克的凝视星星的、自己戴上头罩的美国公民（参见第7章中插图2），或者螺钉叉制图团队用丝网印刷术制成的将 iRaq 与 iPod 联系在一起的文化恶搞（参见第6章中图29），或者将戴头罩的男子与戴头罩的自由女神像结合在一起的短暂存在的伊拉克壁画（参见第6章中图27），或者盖伊·科尔韦尔的超现实主义三胞胎（参见第6章中图30），或者大卫·里斯的连环漫画（参见第6章中图26）。

图32　费尔南多·波特罗：《阿布格莱布》（*Abu Ghraib*）（2005年），布面油画，180×114.5厘米。费尔南多·波特罗版权所有。承蒙纽约马尔伯勒画廊（Marlborough Gallery）提供照片。

另一位曾直接处理阿布格莱布监狱主题的艺术家是费尔南多·波特罗（Fernando Botero），他是一位因为其胖乎乎的面团男孩人物形象而经常遭到嘲笑的拉丁美洲的雕塑家兼画家。阿瑟·丹托（Arthur Danto）认为，尽管纽约艺术界对波特罗加以鄙视，但波特罗最终在阿布格莱布监狱遭受虐待的人体中发现了其真正的主题（参见图32）。[3]正是因为波特罗所画的人体如此过于膨胀，以至于施加在这些人体上的压力和疼痛变得极其明显。而且，这并不是因为波特罗的人物形象是肥胖的。他们粗笨、块头大，但因肌肉组织而是结实的。对他们所做的似乎也是对这幅画所做的，仿佛疼痛与颜料已经融合在一起。人们觉得，波特罗仔细审视过阿布格莱布监狱的照片，并把照片里体现出的发自内心的实质塞进了他创作的那些如同塞满痛苦的香肠肠衣般的画作中。

丹托对波特罗自相矛盾的认可被精心安排于绘画作为"一种能够显示不可见之物的艺术"与摄影作为一种不能显示不可见之物的艺术之间的对比中。他认为阿布格莱布监狱照片本身是不值一提的"快照"（snapshots），是那些做着非常传统之事并伴以极其糟糕之态度（得意、冷酷、傲慢）的能力不足的业余摄影师的琐碎、平庸的作品。在我看来，他唯一正确的一点是把这些照片归类为传统的业余快照。除此之外，这些照片尚可，而且考虑到其接受史，它们几乎不能被认为琐碎而不值一提。至于糟糕的态度，很难确定地知道它们，而且我们有一些证据表明拍摄这些照片的人之间存在差异。

但是丹托的描述中最重大的错误是摄影不能显示不可见之物的概括性说法。如果有一件事可说成是阿布格莱布监狱照片所做的，那就是使原本会一直不可见之物变得可见。更为概括地说，人们不得不注意到，使不可见之物变得可见的工作正是摄影在其某些显得最重要时刻的任务，这正如瓦尔特·本雅明在他的"视觉无意识"（optical unconscious）概念和创造肉眼不能观察到的事物之图像［例如艾蒂安·朱尔·马雷（Etienne Jules Marey）拍摄到的动作图像］这一早期摄影使命中所竭力强调的那样。[4]这些照片的存在可能是在做坏事的坏人所导致的，但正是这些照片的存在一直是我们这个时代的界定性历史事件——称它们为"图标性行动"——之一。[5]这些照片应该得到更多一点的尊重,这是罗里·肯尼迪和埃罗尔·莫里斯在他们的阿布格莱布监狱档案的纪录片再现中所提供的。毫无疑问,应该得到最多尊重的是那个戴头罩男子的照片,他也就是巴格达的罩袋人、站在盒子上的男子、耶稣的克隆体,现在我们可以给他加上一个称谓,即阿布格莱布监狱的"隐形人"。为何这张照片在全球图像库中的流传度可以与最具市场饱和度的企业标识和图标相比?而且什么才会算作对这个图像的一种正确尊重?

如前所述,这一特定图像的出现有某种出奇之处。在围绕酷刑技术的民间传说中,我听到过关于"耶稣姿势"(Jesus position)的传闻,包括罩着头罩加上被迫站立在一个基座上,这是隐匿的现代施虐者群体中的一种标准操作流程。[6]可能是因为在脑海中想起这种流程而上演这一图像上的情景吗?当然,被迫以固定姿势站立相当长的一段时间是一种心理虐待形式,已知其影响比直接的身体虐待更为持久。[7]还有萨布丽娜·哈曼关于她最初想拍照的冲动的证词(参见第8章中的讨论):她注意到其中一名被束缚于一种压力姿势中的囚犯"看起来像耶稣基督,因此我去拿起了我的相机"。一旦你开始寻找耶稣,过去和现在他都在阿布格莱布监狱里无处不在,不仅是作为戴头罩的男子,而且是作为被泼粪的男孩(参见第9章中图36)及其他很多形象。但是尽管如此,只有一个戴头罩的男子,不是吗?

不过,事实并非如此。有很多个戴头罩的男子,实际上针对这一角色已经有几个候选人,曾有从不同角度拍摄这个著名的戴头罩男子本人的5张不同照片。似乎在阿布格莱布监狱很可能有许多从未被拍照也永远不会被看到的戴头罩的男子。如果萨布丽娜·哈曼拍摄的那张侧面照片(参见图33)是唯一的一张照片,我们就永远不会有作为我们所知图标的戴头罩男子。这一图像正面的、对称的位置上的某些东西有助于加强它的光晕,在提及其他似乎与它相关的图像时使它闪闪发光。最值得注意的是它的不露面性(facelessness)突然转变为正面性(facingness)的隐形潜能:在头罩适当位置上的一对白色颜料圆点就会足以赋予这个人物形象双眼,并使之向后看。

因此,本章试图面对从一开始就困扰着这本书的一个简单问题:为什么这一图像会成为整个阿布格莱布监狱丑闻的图标?以及这一图

第 9 章 美国国情或者耶稣来到阿布格莱布监狱 137

图 33 戴头罩男子的侧面照，照片由萨布丽娜·哈曼于 2003 年 10 月在阿布格莱布监狱拍摄。

像如何获得了一种超越这一直接事件的图像志反响而触及克隆战争与反恐战争时代当代世界体系的本质？概括而言：戴头罩的男子在"世界图像"（world picture）这个短语的三种意义上都是一幅"世界图像"：（1）作为一个在全球传播和可即时识别的图标，它只需要极少的视觉或言语提示就可以被回想起来；（2）作为一场全球性冲突（全球反恐战争）的象征，它不是局限于 21 世纪初的当今时刻，而是在基督教图像志及其他图像库中的权力形象与屈辱形象的漫长历史中产生了深刻的反响；[8]（3）作为图像生产和传播的世界新秩序即"克隆"时代的一种症状，它是通过生物数字技术而成为可能。这幅图像超越了对基督受难记的特定再现以唤起在中世纪和文艺复兴时期作为一幅世界图像（imago mundi）或世界缩影的人体（以及尤其是基督的身体）的图像，这一事实有助于增强一种出奇的感觉，即在某种意义上这一图像作为一个图标已经是相当为人熟知的，甚至是在 2003 年 4 月它出现的第一个时刻。

希尔德加德·冯·宾根精彩的彩饰图在一幅单一图像（参见第 7 章中插图 4）中表现了最后这个维度。冯·宾根向我们展示了位于平凡世俗世界中心的亚当形象，呈现一种将人类描绘成感官的、身体的宇宙之"尺度"的早期人文主义者姿态。但是之后她把这个宇宙框定在一个更大的世界里面，超出了环绕着地球四元素框架的火环。这个外围的框架原来是基督的身体，即救赎第一个亚当之错的"第二个亚当"。作为圣父的克隆体，基督是完美的、神圣的神明图像（the perfect divine imago dei），而不完美的亚当是世界图像。与此同时，基督与亚当的关系类似于君主的两个身体，即神圣之体与肉身之体、不朽之体与凡人之体。同样地，正如我们所看到的，阿布格莱布监狱的戴头罩男子是我们当代的世界图像，显示了两个身体：真实的伊拉克酷刑受害者与全球传播的其虚拟图像，或者（正如大卫·里斯已向我们显示的——参见第 6 章中图 26）"普通的阿布格莱布男子"与"仿生阿布格莱布男子"，前者是无力的受害者，后者是具有"特殊力量"的黑暗复仇天使。

伟大的艺术史学家迈耶·夏皮罗提供了用于反思这一图像和它的许多克隆体及变体的一种理想的方法论入门书。[9]在 20 世纪 60 年代早期，当夏皮罗写作以试图在重视给图像赋予其意义的文本来源与图像库二者的一个符号学框架内反思图像的演变之时，他几乎不可能预测到一个像我们这样的时代，此时世界正陷入一次全球宗教复兴以及不可避免地随之而来的图像圣战之中。夏皮罗开始研究这一主题的时候，已露端倪的主要宗教问题是对法西斯异教和共产主义无神论的鲜活记忆，而不是一场全球的基督教圣战与穆斯林圣战。[10]但是夏皮罗在试图理解犹太教圣像与基督教圣像之间的关系时尤其是在理解将胜利的摩西形象与被钉在十字架上的基督联系起来的谱系时的平静、超然的语调，也许现在可以有助于我们获得透视一组难以不带羞愧、愤慨和一种出奇的认识感去看待的图像的某种视角。

夏皮罗关于"文字与图像"（Words and Pictures）的文章建立在对解读图像有基础意义的一系列关系之上。第一是图像与其说明的文本的关系，以及与此密切相关的在图像和文本二者中的"字面"意义与"象征"意义的关系。第二是人物形象的正面描绘与侧面描绘在形式上的区别，以及这两种描绘与图像作为"我"面对作为"你"的观者所隐含的图像的"称呼"（address）的联系，或者语言学家本维尼斯特

(Benveniste）所谓的图像的"第一人称"和"第三人称"称呼。第三是他对"状态主题"（themes of state）与"动作主题"（themes of action）（基于侧面视图与正面视图的形式差异）的区分——也就是以静态的、正面造型的形象直接面对观者的图像与画面平面之外所见的独立动作的区别，这一对比奇怪地使人联想起迈克尔·弗雷德（Michael Fried）对剧场性图像与专注性图像的区分。我们可以用被嵌入苹果播放器海报（参见上文第6章中图29）上舞者中的伊拉克人的正面形象来说明这种对比。

夏皮罗分析了在以色列人与亚玛力人的战斗中举起双臂的摩西形象是如何被回顾性地吸收进基督教图像志中作为被钉在十字架上的基督的"前构型"（prefiguration）的方式，然后这种前构型相应地成为整个基督教世界神圣主权和世俗主权手势的原型，包括在庆祝弥撒的牧师或者在对臣民讲话的君主的手势（参见第7章中插图5）。

接下来是夏皮罗对教皇何诺二世（Pope Honorius II）（1124—1130年在位）有关伸出双臂形象多重效价的论述的引用：

> 在这一形象中，最高教宗（即基督）的献祭和荣耀之王（King of Glory）的战斗被表现出来。当摩西在山上伸出双手祷告的时候，他就预示了这一形象；而同时，约书亚（Joshua）亦即耶稣与亚玛力人战斗，摧毁了战败敌人的王国，使他的百姓在胜利中快乐地回归。因此，基督在十字山上伸出双手为不信不认的人祷告，并且作为获胜的领袖……在十字旗下与亚玛力人即魔鬼作战，并把战败的亚玛力人王国夷为平地；打败了邪恶的敌人后，上帝捣毁了地狱。［霍诺里乌斯·奥古斯托都南西斯（Honorius Augustodunensis）：《灵魂宝藏》（Gemma Animae）第1册，引自夏皮罗，第60—61页。］

夏皮罗注意到被凝结入张开双臂形象的许多不同种类图像，从由亚伦（Aaron）和户珥（Hur）支撑着其手臂的摩西画像，到地下墓穴中的"妇女祈祷像"（orants）或"演说式"祈祷形象，到狮穴中的但以理（Daniel）图像，再到有时由牧师支撑而有时独自无人支撑的张开

双臂的异教神像，一直到对诸如亨利二世等基督教君主的描绘，他们的图像都显示了

> 国王凭借其十字架的姿势被比作基督与国王凭借主教圣徒的支撑被比作摩西的这一相同类比……摩西的角色在此时被归于统治者，在彼时则被归于牧师。两者同时都是相互结成紧密联盟的宗教力量与世俗力量。（第39页、第43页）

从这一分析中应该清楚地看到，夏皮罗把"状态主题"视为并不仅仅是人物形象的"静止状态"和图像称呼的正面描绘这一形式问题，而是宗教主权和政治主权图标性表征的关键资源。此外，夏皮罗从这些状态主题的字面意义转移到象征意义的方式是累积的和在历史上可复原的。一个图像的后期版本"记住"早期版本，而且在同时复原与改造早期版本，因此"支撑着"摩西的牧师亚伦和户珥的形象可以从画面中消失以强调这位领袖绝对独立的力量，就像在霍布斯（Thomas Hobbes）的《利维坦》（Leviathan）中的人物形象那样（参见图34），在其中君主的双手控制着世俗暴力之剑和宗教式"关心民众救赎"的牧羊人曲柄杖。[11]人们可能会把霍布斯的《利维坦》看作强大的"一元化行政"（unitary executive）理论即布什政府在试图巩固政府行政部门最大权力时一个最受青睐学说的一幅寓意画。[12]

但是同样重要的是反向的历史解读，也就是回顾摩西作为基督前构型的表征，把战胜亚玛力人归因于基督论姿势的神圣力量。换句话说，这不仅是象征意义随着一幅图像在历史中演进而积累，而且是它的新意义具有重构过去和把此时与叙事表现为一个同时画面的效果。"状态主题"将历史本身表现为一个永恒、静态的图像，它的基本形式是恒久不变的，甚至当它的全部意义在弥赛亚（Messiah）① 将胜利返回尘世时的应许末世未来中"将来的"新图像上展现之时。摩西战胜亚玛力人不仅预示着基督的第一次降临以奉献自己作为一种牺牲，而

---

① 弥赛亚在犹太教中是犹太人盼望的复国救主或上帝要派去拯救犹太人民的国王，在基督教中是救世主基督。——译者注

图 34 托马斯·霍布斯的《利维坦》（*Leviathan*）卷首插图（1651 年）

且预示着他作为末日审判（the Last Judgment）的获胜之主的第二次降临。

也许现在越来越清楚为何戴头罩男子的形象成为整个阿布格莱布监狱丑闻的普遍共识的图标。在形式的层面上，就像夏皮罗所援引的祈祷者形象一样，这个摆出正面姿势的人物形象直接面对观者，正在向被一个"我"称呼为"你"的观者致意。这个"状态主题"的静态特点由该形象在基座上的定位进一步强化，这清楚地表明"动作"或移动是被禁止的，要保持这个姿势则需要绝对的静止。这个图像的对称性和对比色方案进一步增强了它的静态性。它给人一种简单而奇特的印象，它是明亮背景下的一个黑色、钻石形的形式，这个形式可从远处即刻被识别，并且不需要任何进一步的细节就可被复制于一个示意性剪影中。遮挡着面部的头罩致使这个人物形象更加抽象和匿名。这个人物可能是任何伊拉克人，或者就此而言，可能是任何被美国军方抓获的恐怖分子嫌疑人。这名站在盒子上男子的真实身份是继阿布格莱布监狱照片首次曝光之后数年争论的话题。他最初被2004年7月19日《新闻周刊》（*Newsweek*）上的一则报道识别为一名劫车嫌疑人萨塔·贾巴尔（Satar Jabar）。[13]然而在2006年冬天，包括《纽约时报》在内的一些消息来源声称他是名为阿里·沙拉尔·凯西的一名阿拉伯复兴社会党（Baath Party）前官员。据自我描述为一家"独立的中间派日报"的《维也纳新闻报》（*Vienna Die Presse*）报道，凯西是"萨达姆·侯赛因的情报机关的一名亲信"，即一个完全罪有应得的政治罪犯。[14]埃罗尔·莫里斯则声称这名男子的确定身份是在美国海军陆战队的一次夜间突袭中被扫荡的一名无辜的旁观者，但是我们仍然不得不承认，如果"耶稣姿势"是标准操作流程，那么在阿布格莱布监狱和其他地方可能还有过扮演这个角色的其他人。

但是或许我们应该听听米歇尔·福柯关于如何对待已成为一个时代的主图像或元图像的一个图像的建议。福柯在解读委拉斯奎兹（Velasquez）的《宫娥图》（*Las Meninas*）（既是杰作也是主图像）之时，探讨了想要确定一幅毫无歧义的图片之含义即"确定所呈现的所有人物之身份"的诱惑。福柯指出，"这些专有名称会形成有用的地标和避免模棱两可的名称"。但是，正如他继续坚持说的：

> 专有名称……仅仅是一种技巧：它给我们一个手指来指向，换句话说，暗中从人们说话的空间过渡到人们观看的空间；换言之，把一个叠在另一个之上，好像它们是等同物。但是，如果人们希望保持语言与视觉关系的开放，如果人们希望把语言与视觉的不兼容性当作言语的起点，而不是当作一个要避免的障碍，以便保持尽可能地接近这两者，那么人们必须清除这些专有名称并保持任务的无限性……因此，我们必须假装不知道谁将要在这面镜子的深处被反映出来，并用那种反映自己的术语来询问它。[15]

在某种程度上，这意味着用这个隐形人的类属身份：小偷、恐怖分子、无辜的人，来替换他的专有名称。这也意味着承认正是这种歧义构成了首先充当一个主图像的这一图像之力量。从这个意义上来讲，"专有的"名称——即站在盒子上的男子之含义正确、明确的关键，就像"历史上真正的耶稣"（real historical Jesus）的身份问题一样，注定会是保持不确定的。就像"严格意义上的"耶稣图像，站在盒子上的男子这一图像有它自己的生命，这种生命在它遇到的每一个新语境中都会获得新的含义维度。在从阿布格莱布监狱丑闻中出现的众多图像当中，它作为唯一一幅符合夏皮罗"状态主题"概念的图像而很显眼。相比之下，其他大多数照片都是在形式上复杂的甚至混乱的动作图像，在这些动作图像中，身体与形态被缠绕在一起，或者被模糊在背景中。相比之下，戴头罩男子的对称和不露面容就像罗夏克墨迹图（Rorschach inkblot）①一样运作，引发投射和多重联想。

还有一个奇特的事实是，尽管戴头罩男子图像的语境是在恐怖和丑闻场景中，但它有一种奇特的庄重和尊严。戴头罩伊拉克人的形象不是赤身裸体的。他不是被扭曲为一种"压力姿势"，不是因其裸体被拍摄而被羞辱，也不是被迫四肢着地爬行，不是像动物一样被绳索拴住（尽管被绳索拴住的耶稣图像是耶稣受难记图像上反复出现的主题）。他没有被涂抹粪便弄脏，没有被堆在一堆混乱的、不能分辨的裸体当中，也没有被迫模拟性行为。他不是一具被冰包裹着的腐烂尸体，而是（正如我们随即会看到的）更像被称为"哀悼基督"或"忧患之子耶稣"的基督论主题中那一具美得出奇的尸体。虽然头罩致使他成为匿名的，但是他显现为被提升在一个基座上的一个独特的形象，这是当我们反思我们所知的有关这张照片正在拍摄的事件时变得更加不同寻常的一种尊严和镇定形象。反思这张照片最基本的方法就是将你

---

① 罗夏克墨迹测验（Rorschach Inkblot Test）是瑞士精神病学家罗夏克（Hermann Rorschach）于1921年创立的，他是首次提出并应用人格评估投射技术的人。这种测验共有10张墨迹图，其中5张是黑色的，图案浓淡不一；2张由红黑两色构成；其余3张由多色混合构成。罗夏克墨迹测验的方式如下：罗夏克把墨水洒在白纸上，然后对折起来，使纸上的墨迹沿一条对折线形成对称的墨迹图。这些图是无意义和无法解释的。他把这些图形呈现给被测评者，让他们根据图形自由想象，然后口头报告。——译者注

自己投射到所描述的情境之中。想象你自己在一个装 C 型军用口粮的纸板盒顶上摇摇欲坠地保持着平衡，你的手指和生殖器上系着电线，头罩使你感觉窒闷且看不见。[16] 施虐者们告诉你，如果你从盒子上掉下来，你将触电身亡。在无数天的睡眠不足、殴打和囚犯同伴们痛苦哀号的背景下，要在这个盒子顶上保持哪怕一分钟的平衡在某种意义上也是一个奇迹。然而，你这样做的时间长到足以被拍照，并因此转化成只要这幅图像继续存在就将保持这种姿势、这种镇静的一幅图像。

但是，我们最后要怎样理解戴头罩男子这幅图像与在受难或复活时或在祷告和祝福场景中举起双臂的基督这种表征之间的明显相似性。我说这是明显的，然而重要的是承认与任何特定基督图像（the image of Christ 或 the Christ image）的相似都是不完美的，而且对这样一种相似性的联想将会引起相当大的抵制，甚至愤怒。一方面，联想到这张照片旨在使人想到基督形象，甚至允许有被称为"耶稣姿势"的酷刑惯例，这似乎有点不合情理。如果二者有某种相似，那它肯定是偶然的，也是图像的真实含义附带的。对于那些关心这幅图像政治意义的人而言，正如前面所指出的，它与基督图像的相似之处似乎分散了对它的真实、字面意义的注意力，即一种对历史文献的美化。[17] 对于那些深切关心基督图像的人而言，想到这张伊拉克囚犯的照片将会与和平王子（Prince of Peace）、上帝之子（Son of God）、万王之王（King of Kings）联系起来，这可能会让他们深恶痛绝，这名伊拉克囚犯是当时一个战区的恐怖分子嫌疑人，充其量是在一次军事扫荡中被抓获的偷车贼。另一方面，它与耶稣受难图像的相似是相当脆弱的。被钉在十字架上的基督是向上而不是向下伸展他的双臂。基督除了缠腰布之外是赤裸的；他没有穿斗篷。他的脸部是可见的，头上戴着荆棘冠而不是戴着头罩。基督被悬挂在十字架上，而不是站在基座上。他的双手上被钉有钉子，而不是系着电线。

这些对比在《芝加哥论坛报》创作的一张照片蒙太奇（参见图 35）中被生动地表现出来，以说明在阿布格莱布监狱照片曝光之后不久我写的一篇评论专栏文章。这张照片蒙太奇在揭示两个形象之间差异的同时，却又强化了两个形象之间的共鸣。问题是这是一种什么样的共鸣，以及我们可以如何谈论这种共鸣？我们如何才能在考虑到这

图 35 一个基督教象征的再现（Echoes of a Christian Symbol），源自《芝加哥论坛报》的照片蒙太奇（2004 年 7 月）。

一图像在图像世界的传播及其无数次重构与变异的同时，以一种重视它的图示独特性和历史及政治独特性的方式来了解这幅图像的确切含义？除非我们费力去更深入地分析这一图像中包含的其他层次的共鸣，否则把站在盒子上男子的形象称为一个"基督形象"也许仅仅是迁就于一种图像志的老生常谈。相较于其他所有可能被带给这个图像的"看作"（seeing as）模式，把这个图像"看作"基督，这实际上意味着什么？

答案在于对夏皮罗有关"状态"主题与"动作"主题之间区分的更深刻的反思。有一种相关区分关注的不是图像的形式特点或图像志内容，而是观看者的心理状态，这也是对神圣图像的虔诚解读（devotional reading）与叙事解读（narrative reading）之间的对比。[18]对戴头罩男子形象的叙事解读为这个形象提供了一个日期和一个专有名称，以及这张照片本身从它于 2003 年秋季特定时间在阿布格莱布监狱的产出到 2004 年春季的公开发布再到随后的丑闻的一个出处。叙事解读对此的解读与其形式纹理相悖，就好像它是一幅动作图像。虔诚解读是冥想与移情的，将图像的时间放慢到一种静止状态，反映出在观看者精神状态中这一形象的身体状态。这种解读将观看者置于人物形象的位置，这是一种由状态主题的正面描绘所激励的过程，置于这一形象与观看者（自相矛盾般盲目的）"面对面的"相遇中。夏皮罗提醒人们注意这个"一动不动的面具"（inert mask），它通常是"仪式性崇拜的神正面"（第83页）的面部特征，这是一种在西方神性绘画中反复出现的效果："正面像有时是盲目的，即一个朝向人们但没有穿透性凝视的示意性面具"（第92页）。这是一种"看作"，这并不是假定戴头罩男子图像被叙事解读详尽讨论，更不用说被专有名称的指向手指详尽讨论，而是询问忍受这一图像及其描绘的世界意味着什么，询问这一图像想要从我们这里得到什么。

也许这张照片对虔诚的观看者——特别是美国公民——所要求的最明显的事情就是承认负有责任。用最粗略的话来说，这张照片及其揭露的东西都由我们缴纳的税款支付。我们"拥有"（own）它，并且必须"承认"（own up）它所告诉的关于我们自己的事情，就好像哈克的戴着头罩的星星凝视者将要摘下他的头罩去照镜子一样。即使我们像如此众多的人一样反对布什政权及其在伊拉克的战争，我们仍然对这一图像负有责任。在托马斯·曼（Thomas Mann）看来，他对希特勒政权的明确反对也并不允许他免去作为一名德国公民的责任感与负罪感。这是一个最精确意义上的国家/状态①图像：一个受国家支持的酷刑的图像，国家是指我们作为公民所属的这个国家。就像罗马人把耶稣当作"国家的敌人"即一个被指控为错误地获取"犹太人之王"主权地位的政治异见分子而把耶稣钉在十字架上处死一样，这个戴头罩的男子也被指控为国家的敌人。他被看作一名被指控的恐怖分子，他不是一个纯粹的罪犯，而是一个代表着竞争对手主权主张的政治对手。[19]事实上，恐怖与酷刑是一种将政治主权建立在后霍布斯政治理论基础上的"例外状态"（state of exception）的孪生图像。后霍布斯政治理论认为，正如卡尔·施密特（Carl Schmitt）所说的，君主"是那个决定例外之人"，而例外既是"紧急状态"，也是君主在紧急时刻声称的法治之例外。[20]反恐战争的一个首要目的是为君主索要决定法治例外

---

① 英文原著中此处的单词"state"具有双关语义，兼指国家和状态。——译者注

情况的例外的、实际上无限的权力。根据定义,酷刑仅用于对付(疑似的)恐怖分子,因此酷刑是美国法律和国际法二者的一个事出有因的例外。再者,恐怖分子不仅是法律的敌人,而且是君主本人的敌人;恐怖分子是君主的既相反又相似的必然相对者,在为自己索要一个反映君主角色的例外的地位。[21]

这就是为何在耶稣受难记中展现的图标性造型采用了它所采用的作为模拟加冕礼的这一形式。耶稣必定会被羞辱和折磨,不是以任何普通的方式,而是在一个同时"提升他"为一个加冕君主又"贬低他"到一个普通小偷水平的精心设计的场景中。

夏皮罗指出,"基督教的异教反对者们曾嘲笑对像一个普通罪犯一样被钉在十字架上的上帝的崇拜"(第51页)。福柯也指出了君主的身体与死刑犯的身体之间的对称性:"在政治领域最黑暗的区域,被判死刑的人代表对称的、颠倒的国王形象"。[22]阿布格莱布监狱的施虐者是否把一个偷车贼误认为一个恐怖分子,还是把一个恐怖分子误认为一个偷车贼?戴头罩男子在其基座上的提升是否反映了他可能是一个无辜者的身份?(但是在这种语境中什么是无辜?)还是说它使得这一图像的政治意义成为一种对耶稣受难记的亵渎戏仿?即一种并不影响这一图像之尊严然而却反映了其制作者道德状况的亵渎?难道这不是此时我们的美国道德和政治"国情"的一个图像吗?

图36 《被泼粪的男孩》,源自美国陆军刑事调查司令部的阿布格莱布监狱照片主盘。

对戴头罩男子图像的虔诚解读也要注意这张图像唤起耶稣受难记整个系列中其他图像的方式，而不仅仅是耶稣被钉于十字架的图像。事实上，耶稣被钉于十字架图像与这幅图像有关的唯一意义在于戴头罩男子作为一个即将被处决的受虐罪犯形象之推定的叙事位置，在此情形中是以现代的（而且几乎是美国特有的）电刑技术而不是以古代的被钉于十字架仪式而被处决。但是戴头罩男子的特定姿势及其在基座上的提升将他与耶稣受难记中的其他经历片段联系起来，而且除此之外，还与基督的其他图像联系起来。他双臂的向下倾斜将他与在做欢迎、示意、放弃和降临手势的基督图像联系起来，与之相对的是与例如耶稣被钉于十字架、耶稣变像（the transfiguration）和耶稣升天有关的向上手势，该手势还有一种与高举起被支撑着的双臂来发挥军事力量的摩西形象的对比。因此，我们在这些对基督的表现中恰好发现了这种手臂向下的姿势：正降入地狱的基督向下的手势是在将亚当和夏娃从他们的坟墓中拉上来[23]，或者是在表现带有欢迎时脆弱性的耶稣登山训众（Sermon on the Mount）中，或者是在表现所谓的忧患之子耶稣或哀悼基督中，即在表现耶稣受难之后但被安葬之前的一种非叙事图像中，正如在弗拉·安吉利科对这一主题的处理中，在表现看似处于死亡与生命之间、受难与复活之间临界的耶稣受洗的身体中（参见第7章中插图6）。

这个基座把戴头罩男子的形象与耶稣变像的图像联系起来，或者是与当头戴荆棘冠的耶稣从一个升高的位置被展示给人群时的戴荆冕的耶稣像的模仿加冕礼联系起来。最后，头罩确实使这一形象等同于嘲笑基督的场景，在这些场景中基督通常被描绘为戴着蒙眼布，就像在格伦沃尔德（Grunewald）和弗拉·安吉利科的图像表现中那样（参见第7章中插图7）。人们当然可以反对说，所有这些宗教图像志对于在一场世俗战争背景下由一些被误导的美国士兵制作的一张现代数码照片简直是无关紧要的。但是，提出这一异议将立即会受到提醒说，图像——无论在什么媒介中——都以逃避有关其制作意图的方式对历史和对人类感知开放。有些图像是由历史缔造的——这意味着出于偶然、侥幸以及蓄意——而且这些图像成为时代的图标。一位虔诚信仰基督教的美国君主宣布反恐战争是一场反对邪恶的"圣战"，即作为将直接导致末世和弥赛亚到来的千禧年斗争而对许多基督教（和犹太教）基要派而言讲得通的一场圣战。

图37　被林迪·英格兰用皮带拴住的伊拉克囚犯

在2004年春天，美国公民是否注意到林迪·英格兰牵着一名用皮带拴住的伊拉克人（参见图37）与丁托列托对耶稣受难记中（参见图38）一个类似时刻的处理之间的相似性？他们是否注意到梅尔·吉布森（Mel Gibson）的电影《耶稣受难记》的发布正是在阿布格莱布监狱图像被公开于2004年春天的这一时间的出奇巧合？他们是否注意到吉布森所描绘的罗马士兵在施加酷刑时感到的愉悦与欢欣与美国士兵在嘲笑他们的伊拉克受害者时的咧嘴笑脸之间的相似性？他们是否曾自问，当基督教的主要电影表达完全消除了它的积极信息而代之以过分关注受虐人体的细微细节，从殴打到确实剥下受害者肉皮的鞭打，再到通过被称为受难的那种"压力姿势"的令人痛苦的缓慢死亡，基督教变成什么样子了？他们是否注意到，阿拉伯人和穆斯林人现在已经在一场基督教讨伐邪恶的圣战中占据了牺牲的受害者的位置？

无论阿布格莱布监狱图像的那些亲自动手的（相对于系统的）制作者的意图是什么，它们的效果是不仅制作出犹太教—基督教图像志的一种更新，而且重新提出作为获胜之主的酷刑受害者的图像在基督

图38 雅各布·罗布斯蒂·丁托列托（Jacopo Robusti Tintoretto）：《去加略山之路》（*Way to Calvary*）（1566年，细部），意大利威尼斯圣洛克大会堂。承蒙斯卡拉（Scala）/纽约艺术资源提供照片。

论上的融合首先意味着什么这个问题。摩西的形象呈现为由亚伦和户珥支撑着他伸出的双臂，正在鼓舞他的军队对抗亚玛力人，这是一个不留情面的征服力量的图像。迈耶·夏皮罗引自霍诺里乌斯的引文中强调对"被打败敌人的王国"造成的破坏。亚玛力人是魔鬼，得胜的基督教王子"把被他征服的王国夷为平地"（第61页）。难怪一些穆斯林怀疑，他们可能正在扮演相对于犹太教—基督教联盟征服军队的现代亚玛力人的角色，而且将伊拉克"夷为平地"可能不仅仅是单纯的无能力。

当然，伊斯兰世界意识到，美国监狱中实施的酷刑做法包括蓄意的宗教亵渎和渎神行为，包括对《古兰经》（*Koran*）的不当处理。男性被拘留者在美国妇女的众目睽睽下被迫赤身裸体是基于这样一种假设，正如拉斐尔·帕泰（Raphael Patai）在《阿拉伯人的思想》（*The Arab Mind*）中所言，"阿拉伯人和西方人的性格之间最重要的区别之一是在阿拉伯文化中，羞耻比内疚更为明显"。[24]对帕泰而言，内疚事关更先进的"西方的"内心"良知"观念，而羞耻则取决于被暴露在他人的凝视下。这种庸俗的种族刻板印象解释了为何当阿布格莱布监狱的所有基本必需品都短缺时，仍有供应充足的可用作头罩的女性内裤。[25]马克·丹纳进一步指出，酷刑受害者有时被命令诅咒伊斯兰教和为他们被允许生存而"感谢耶稣"。[26]就此而论，拉什·林堡所说的阿布格莱布监狱的虐待行为就像一场美国的"兄弟会入会仪式"，这一臭名昭著的言论呈现一种毋庸置疑的意义。假设这些虐待行为在某种半意识层面被理解为一种"策反"伊拉克被拘留人员成为为美国占领做告密者的皈依仪式，怎么样？进一步假设，这种想法不仅是要在心理上"摧毁"这些被拘留人员，而且是要使他们从伊斯兰教皈依基督教，怎么样？[27]这可能有助于解释戴头罩男子意象中最具毁灭性的讽刺性共鸣，即它与戴着面纱的穆罕默德（参见第7章中插图8）这一著名主题的相似。

先知的脸部遮盖以面纱或者他的光晕之火是一种常见的做法，而且这种做法与所有这三种"圣书的宗教"（Religions of the Book）即犹太教、伊斯兰教和基督教——尤其基督教新教——共有的图像恐惧传统是一致的。禁止制作上帝图像（或其他任何生物图像）的第二条诫命似乎也已延伸至上帝的先知和使者们，并且在伊斯兰教中被特别严格地强制执行。由此看来，罩袋人的头罩成为一种保护面纱以遮挡他的面容免于不虔诚者的凝视，而戴头罩男子这一有歧义的形象则成为对全球反恐圣战极为重要的世界三大一神信仰的一个综合体。耶稣、摩西和穆罕默德即亚伯拉罕的所有后裔在和平、牺牲和欢迎的画面中重聚。

也许现在我们能够解释戴头罩男子图像之出奇的力量了。作为夏皮罗"状态主题"的一个范例，戴头罩男子的图像表现了在反恐圣战中世俗力量与神圣力量的当代融合。但该图像做到这一点，并不是仅仅通过在基督、摩西和穆罕默德的类型识别中加强摩尼教的情形，而是通过将瓦尔特·本雅明所视为的这一图像的辩证资源公之于众，并显示"处于停顿状态的历史"。通过将戴头罩男子呈现为不是保持牢固地位于神圣—世俗混乱（例如，基督教民主和启蒙运动对穆斯林暴政和偶像崇拜）之积极面的一个图标，而是迫使善与恶、上帝与魔鬼、伊斯兰教与犹太教—基督教联盟之间跨行连续的一个图标，戴头罩男子强化了状态主题中所嵌入的矛盾。这就是为何这个图像有"两个身体"，穿梭于主权与落魄、恐怖分子嫌疑人与酷刑受害者、罪犯与烈士之间。该图像还把美国观众定位为夹在两个不相容的立场之间：处于一种与酷刑受害者感同身受的状态，或是作为正在狞笑的施虐者的同谋。这种羞辱当初是公开声明的拍摄这些场景的动机，现在又回来加倍地困扰着摄影师、观众和美国及其所代表的世界的状态。难怪尽管乔治·W. 布什既是无耻的又是无能承认任何罪行的，他却评论说"没人想要看到像这样的图像"。

这就把我们带到了夏皮罗的图像志状态主题阐释中的最后视野中，即限制一个图像外表的"表征规范"。摩西、耶稣与穆罕默德，亦即牧师、化身（Avatar）与君主在犹太教—基督教—伊斯兰教的"状态主题"中的类型凝结不仅经历了风格的变化，而且经历了不同的介导形式，包括从隐藏在地下墓穴里的绘画，到公共场所令人印象深刻的镶嵌图案，到彩色插图稿本和油画，再到编排的宗教和政治场面的仪式。这一图像现在的最新化身已经在一种新的媒介即数码照片及其在互联网上的全球传播中转移。对该图像之意义的遏制和控制不再是可能的。在生控复制时代的这一新的图像法则融合了质量的均匀性与快速的进化变化，融合了作为出奇的相似人物和邪恶的双生子的类型"前构型"（prefigurations）与"后构型"（postfigurations），融合了同时出现的混淆民主与暴政、秩序与无序、恐怖主义与酷刑的状态主题。正如汉斯·哈克已显示的，只要我们用美国国旗替换头罩，或许那个戴头罩的男子就会是发表下一个美国国情咨文的合适人物。会不会是基督的再次降临已经以字面上实现圣保罗所发出的"主的日子……像夜间的贼一样来到"这一警告的方式发生在阿布格莱布监狱了？[28]

结论　历史图像的诗学

第一个历史事件是有一段历史（一个故事，法语 une historie）的历史事件。而如果有一段历史，那它自身就包含不是能够成为普遍的而是作为它的抽象结构之一的普遍者……人是自由的，是一个罪人，是历史的，是其身上已经发生过某事的一个存在者。

——让-保罗·萨特（Jean-Paul Sartre），《伦理学笔记》（Notebooks for an Ethics）

在科学本身所知的事物之下有科学所不知的事物……这些法则和决定正是我尽力要揭示的。我尽力要揭示一个自主的、有其自身法则的领域，那将会是科学的无意识即知识的无意识，就像个体的无意识有其自身的法则和决定一样。

——米歇尔·福柯，《福柯现场》（Foucault Live）

我在这里一直在讲述何种故事？[1] 我开始时就提出每一段历史实际上都是两种历史，即所发生之事的故事和对所发生之事的感知的故事，也就是通过言语叙事与视觉叙事对历史的再现，而这些叙事会被诸如世界贸易中心的毁坏和阿布格莱布监狱照片的公布这样一些标志性时刻不时打断。但是我也一直在讲述一种完全不同的故事，这种故事更为缓慢地发展，而且与构成我们这个时代的公共的、多事的历史在不同的层面。这是以克隆体这一信息科学和生命科学革命的图标为其缩影的历史。我把这称为"生物控制论"的时代以强调在我们的时代影响了人类生活的每个层面——经济的、审美的和政治的层面——的两种技术进步的相互交织。计算机的发明和DNA即"生命奥秘"的解码是这场双重革命的名称,正是它们的重组产生了一种新的数字图像制度,这种制度由我们所谓的"克隆体"即生物控制论的神话化身所体现。更概括地说,克隆作为代表生命之技术生产的形象,成为米歇尔·福柯所谓的"生物政治"时代的缩影,"生物政治"即现代国家向"生物权力"和"生命治理"或"使生存"(faire vivre)之引擎的转变,这与君主的首要权力是通过控制死亡来表达的传统政体形成对比。[2]

这种历史的两个层面——一方面称之为"反恐战争"而另一方面称之为"克隆战争"——之间的对比,可以通过反思可确定日期的历史事件的问题而得以戏剧性地凸显。反恐战争是以2001年9月11日这一日期来开始和界定的,而"911"也是美国急救电话号码。[3]这一日期已经成为一种认知迷恋,即一种使人想起像法国国庆日(Bastille Day)、7月4日美国国庆日(the Fourth of July)和五一劳动节(May Day)一样重大的世界历史上一个间断的法宝。"9·11"是如此具体、如此标志化的,以至于它甚至没有分散在诸如1492年、1789年或1968年这样一个重要的年度。"9·11"定义了一个此前和此后,在"9·11"前思维与"9·11"后思维之间竖起了一道时间之墙。"9·11"后的权威人士迅速宣布终结后现代主义反讽和怀疑论,终结可能反对道德正义完全确定性的批判性思维的任何痕迹,加上世界上最大、最致命的军事组织提供的暴力手段。"9·11"后的新保守主义知识分子被给予了将理想转化为现实、将想象转变为现实、将隐喻战争转化为实际战争的能力这样一份极好的礼物。再加上随意动员群众恐惧的能力,这是为了宣布一场善与恶之间的圣战以及法西斯主义的所有警示迹象的一个处方,这些迹象包括:无限期紧急状态的宣布、君主绝对权力的巩固、司法系统的腐败、基本人权的暂停行使和政府各个部门的政治化。美国进入了官方、集体的情绪之主要形式是恐怖这样一个时期——对一个可能毫无预警地袭击任何地方的看不见、匿名的敌人的令人麻痹的恐惧。但是既然这种恐惧产生了麻痹,治愈方法是安慰性的:继续购物;不做任何事情。就像通过机场安检点时的这样一种经历,当时一个不祥的声音宣布对恐怖分子的警戒级别已被提高至橙色,而真正的信息是什么都不做,继续前进。照顾好你自己,不要理会你不幸的邻居。以借贷和消费，以及以减税和将想象的财富创造性地转化为极少数幸运儿的现钱和绝大多数人的破产及贫困的方式来保持经济活跃。仅只在布什时代末期经济崩溃之时，恐惧才被恐慌所取代，这不是一种产生麻痹和静止的情感形式，而是一种鼓励给在任何仔细考虑之前的即刻紧急行动授权的情感形式。[4]经济泡沫的爆裂为正是这样一种政治氛围创造了条件。奥巴马不大可能的却又奇迹般的当选似乎是美国政体的一次好运，正如乔治·W. 布什可疑的合法性和明显的无能则是一次令人难以置信的厄运。我们需要更为充分地反思"历史运气"这个问题，因为它把我们直接引导向历史的另一面，即我一直在探讨的"当今的图像学"。

是否有人记得世界上的报纸宣布"生命奥秘"已被破译的日期？这不太可能。[5]我们仅只知道它是在过去 10 年里的某个时间点被宣布的，在那之前它曾被预言了很长时间，而且它对未来可能的影响仍然是具有高度推测性的。我们知道，在发现生命奥秘之后的第二天，一切几乎都恢复了正常，而与之形成对比的是"9·11"之后的第二天，当时宣布了改变一切的全球紧急状态。

因此，在我一直在本书中整合的图像历史中有两种时间性和两个关于"事件"（the event）的概念在起作用。反恐战争时间性的标记是在集体想象中仍然具有图标性的最近可确定日期的事件。克隆战争的时间性则是一个更长得多的时段（durée）。它是对困扰着人类的想象力与表现实践的元图像的一种更新，即一种重新字面化。制作生物的活态图像是模仿①的乌托邦式目标。这是一种上帝般的行为，克隆体意味着生物技术的要"扮演上帝"的诱惑。圣经有关生命起源的叙述强化了生殖过程的神圣特性。创造人类就是制造一种人工生命形式的故事，而夏娃可以被视为亚当的一个克隆体（基于克隆用生物的一部分生产一个新生物的这一模式）。甚至道成肉身（the Incarnation）和贞女

---

① 模仿又称"摹仿"，源自古希腊哲学用语"mimesis"，后被引入美学领域和艺术领域。德谟克利特最早提出艺术起源于模仿的观点。亚里士多德系统地阐述了模仿说，该学说认为，艺术根源于对现实世界的模仿和再现，艺术的本质在于再现。从古希腊至近代，模仿说在西方艺术界一直占有支配地位。——译者注

生子（the Virgin Birth）这些教义也涉及我们现在称之为克隆的过程，正如上帝并非通过与玛利亚有性关系，而是通过将她的处女子宫用作为了一个已有生命迹象的胎儿即上帝自己的复制品的体外宿主，上帝"生"了他的圣子即圣父的完美形象。[6]希腊人会把克隆理解为一个移植和杂交的植物学过程，在这种情形中上帝就是一个园丁。就像反恐战争一样，克隆战争是一场由众神和圣人们在其中扮演关键角色的圣战，这便不足为奇。乔治·W. 布什很可能与就入侵伊拉克一事而给过他建议的同一位"天父"（higher father）① 讨论过干细胞政策。

　　直到现在，我们一直缺乏完美的复制品。[7]在拟像中总有一个缺陷。拟像一直仅仅是一个复制品，是晚出现的、次要的、有缺陷的。但是克隆体保证是一个深度的复制品，即在数字层面与模拟层面上都是一个完美的转录本，是协调一致的可见的化身与分子结构。在作为一场反恐战争（也是基于一个隐喻的字面化）开端的同一历史时期中，活态图像的神话的、隐喻的图景已被实现和字面化，产生了历史时间两种不同秩序的交汇。

　　对此的一种说法是，自从20世纪70年代克隆战争这个概念首次流行以来，克隆战争就一直在进行，而自古以来人工生命的形象就一直伴随着我们。相比之下，反恐战争曾在具体的时日被引发和宣布，而奥巴马政府却已悄然地对此"不予宣布"。

　　那么，问题就是什么介导于技术性和结构性创新的缓慢时间与包括出生、外貌和性情这些偶然因素的偶然历史事件的快速时间这两种时间性之间？可以预见的是，我的答案是图像，尤其是来表达一种集体情感并加强一种集体情感的图标性形象。我认为这两种历史模式都集中体现于让-保罗·萨特和米歇尔·福柯的著作中。萨特完全站在历史的偶然性、抽签的运气、巧合的重要性、反讽和历史的出奇性这一边。相比之下，福柯则是长时段的历史学家、自18世纪以来作为政治意识主导模式的生物政治和生物图像之开端的历史学家。[8]历史对于福柯而言是关于非

---

① 在接受记者采访时，乔治·W. 布什曾被问及在他担任总统期间是否曾向其父亲（father）寻求建议，他的回答为："There is a higher father that I appeal to."（我所求助者，更有一位天父。）——译者注

个人系统（impersonal systems）、知识型（epistemes）、规训（disciplines）和制度（institutions）的故事。当然，在福柯式的历史中也有间断，但是只有当大师级的历史学家进入考古挖掘和重组事态的历史秩序中时，这些间断才会在回想之中变得具有图标性。生物图像的诞生即生物政治的诞生发生在亚当·斯密（Adam Smith）和19世纪的经济学家身上。[9]它绕开马克思，理所当然地把资本主义的霸权视为达尔文主义的经济合理化。即使是为了公众自身的利益，使公众沦为被控制和监管的人口也是生物政治范式的关键。从这种知识型中出现的人类图像是克隆体，即一种可互换的、非独特的人类有机体。这可能会被视为机器人的类属图标，而且它是为了迎合对恐怖分子的刻板形象而量身定做，恐怖分子也被描绘为不露面容的、匿名的类人（humanoid）这样的绝对敌人。福柯关于生物政治事物的概念远远超出生物学的任何技术问题，以直面从18世纪到米尔顿·弗里德曼（Milton Friedman）和芝加哥学派（the Chicago School）的新自由主义经济学的整个框架。经济人（homo economicus）即具有盲目力量和无形之手的市场体系的理性的而目明的克隆体，就是神圣人（homo sacer）的镜像，神圣人即戴着自我折磨和自我欺骗头罩的被蒙蔽的有主权的主体。

吉奥乔·阿甘本以生物政治事物的最极端和最紧急的形式拓展了福柯对生物政治事物的洞见，这种形式即为：难民、非法移民或不合法参战者收容营的现象，在这种收容营里人类沦为"赤裸生命"即神圣人的形象，神圣人使人类有能力拥有的有资格的社会性生命（bios）沦为自然性生命（zoe）①，自然性生命仅仅只是一种可能会被不加思索地杀死的生物的存在。[10]神圣人这一形象出现于2003年10月在阿布格莱布监狱上演的一个场景的一张病毒性照片上，这仅只是一点历史上的运气即一点偶然性。但正是生成这幅图像精确的形式品质和审美品质的反讽的、出奇的偶然性将这幅图像变成了戴荆冕的神圣人像（Ecce Homo Sacer）②，

---

① 在古希腊有两个表示生命的单词："bios"指社会生活中的社会性生命，"zoe"指生物学意义上的自然性生命。——译者注

② 拉丁语"Ecce Homo"指戴荆冕的耶稣像，拉丁语"homo sacer"指吉奥乔·阿甘本提出的"牲人"，又译"神圣人"，这里的"Ecce Homo Sacer"指戴荆冕的耶稣像与神圣人形象的融合。——译者注

即酷刑受害者的赤裸生命与再熟悉不过的犹太教—基督教主权的轮廓的融合。正是这一图标聚合了历史总体化的两种形式：福柯式生物政治的长时段化与萨特的独特形象中的具体性总体化。阿布格莱布监狱的爪人与萨特的手臂萎缩的德皇（Kaiser）相遇。[11] 在我看来，这是一种超越了福柯的非个人系统的历史与萨特的主体（agents）和偶性（accidents）之间争论的历史诗学。这种诗学不时地凸显一个体现时代情感结构的图标。这就是那个戴头罩男子在我们的时代所扮演的角色。

但是"我们的时代"是什么？它是反恐战争和布什政权的噩梦吗？或者它是否被体现于有关克隆和干细胞的争论与被称为双子塔的建筑克隆体惊人的被毁这两者的同时性和巧合性中吗？[12] 萨特式的存在主义境地是否仅在美国这里将会被找到？或者它是诸如全球经济和生态崩溃、生物政治进化影响的逐渐展现这样更长远得多的范围之事吗？显然，"我们的时代"就是所有这些事情，任何提供我们时代的一幅总体化图景的尝试都必须考虑到多重时间性和各种各样的群体体验它们的不同方式。任何这样的尝试首先必须考虑到由生物政治霸权所创造的新群体，主要是难民、流离失所者、非法居留的外国人和非法移民人数的大量增加。根据联合国难民事务高级专员公署（the United Nations High Commissioner for Refugees）的报道，反恐战争在其伊拉克"前线"已导致420万人流离失所，他们当中的大约一半人被迫逃往邻国。[13] 美国对其反恐战争的人力代价几乎没有承担过任何责任。类似地，截至本书写作之际，美国已宣布"大衰退"和2008年9月的金融危机"严格来说"结束了，而与此同时失业率却在继续上升。

所有这些关于一个时代终结的宣言，加上"展望未来"和把过去抛诸我们身后的授权，都必须以怀疑的眼光去看待。奥巴马的当选确实是与布什时代的决定性间断——在想象的层面上。而正如我们所见，想象是能够被实现的。但是反恐战争和克隆战争的其他一些持久的现实还远未结束。前者可能已被重新命名为"海外应急行动"，而后者似乎可能通过有关干细胞研究的政策调整而得以解决，但是它们可能会在最轻微的不可预测的挑衅下猛烈地卷土重来。为争取一个体面、人道的世界秩序（包括为这个世界上最强大的民主国家的公民们提供的医疗保健）而进行的基本的生物政治斗争正在许多条战线上开展，而近来过往黑暗时日里的幽灵将主宰任何可以想象的现在，直到进入不可预测的未来。阿布格莱布监狱戴头罩的男子，即被指控的恐怖分子、酷刑受害者、匿名的克隆人、不露面容的人类之子，仍将是我们的时代代表可预见未来的图标。在这个幽灵般敌人的面纱后面，耶稣、穆罕默德和摩西的面容将继续困扰着我们。

致　谢

写作像这样的一本书需要一个村庄，或许甚至一整个地球村。在全球反恐战争的早期，我向我的艺术史同事发送了一份包含所有要点的简报，请他们帮我创建一个图像档案，我深深受益于扎伊纳布·巴拉尼（Zainab Bahrani）、汉斯·贝尔廷（Hans Belting）、汉娜·希金斯（Hannah Higgins）、卡罗琳·琼斯（Caroline Jones）、埃冯·利维（Evonne Levy）、约翰·里科（John Ricco）和乔尔·斯奈德（Joel Snyder）。《批评探索》编辑组的比尔·布朗（Bill Brown）、劳伦·贝兰特（Lauren Berlant）、迪佩什·查克拉巴蒂（Dipesh Chakrabarty）、阿诺德·戴维森（Arnold Davidson）、伊丽莎白·赫尔辛格（Elizabeth Helsinger）、弗朗索瓦·梅尔策（Francoise Meltzer）、理查德·尼尔（Richard Neer）和（再次提及）乔尔·斯奈德对我的热情提供了持续不断的激励与有益的控制。汉克·斯科奇（Hank Scotch）作为我的研究助理承担了重任，《批评探索》的执行编辑杰伊·威廉姆斯（Jay Williams）每次都帮我减轻工作负担。一些重要机构和个人发挥了至关重要的作用：由吉姆·钱德勒（Jim Chandler）指导的芝加哥大学弗兰科人文学院提供了一个公开的、跨学科的论坛以试用本书的基本理念；柏林高等研究院是本书初稿的写作苗床，霍斯特·布雷德坎普（Horst Bredekamp）的图像科学小组［又名"图片男孩"（Picture Boys），外加安卡·奥罗维阿努（Anca Oroveanu）］，以及亚伦·以斯拉希（Yaron Ezrahi）、露丝·哈·科恩（Ruth haCohen）、斯特凡·利特温（Stefan

Litwin)、刘禾（Lydia Liu）①、南希·弗雷泽（Nancy Fraser）和伊利·扎列茨基（Eli Zaretsky）在令人难忘的一整年中为我提供了智力电能；汉堡火车站美术馆、柏林洪堡大学的蒂森讲座和2004—2005年慕尼黑大学关于"图像转向"的系列讲座为本书初稿提供了公开的试验场地，由朱塞佩·特斯塔（Giuseppe Testa）组织的马克斯·普朗克研究所关于克隆的开创性研讨会亦如此；2006年由玛丽亚·朱塞皮娜·迪蒙特（Maria Giusepina di Monte）组织的罗马大学关于迈耶·夏皮罗的研讨会畅谈"状态主题"；2007—2008年，我在诺丁汉大学地理学院担任利华休姆信托基金杰出研究教授一职，由史蒂芬·丹尼尔斯接待，这为我提供了一段紧张工作的关键时期，由迈克尔·安·霍利（Michael Ann Holly）领导的克拉克艺术史研究所亦如此；中欧大学布达佩斯校区的耶胡达·艾尔卡纳（Yehuda Elkanah）接待了我，该校给了我极其重要的启发，由迪亚尔穆德·科斯特洛（Diarmud Costello）和多米尼克·威尔斯登（Dominic Willsdon）组织的泰特现代美术馆（Tate Modern）关于伦理学与美学的研讨会亦如此；彼得·古德里希（Peter Goodrich）在纽约市组织的卡多佐法学院关于雅克·德里达的研讨会畅谈"自身免疫"假设；在北京的清华大学，王宁接待了《批评探索》的编辑，帮助我在"世界图像"的语境下阐述这一概念；在巴勒斯坦的比尔泽特大学，我经常是艾哈迈德·哈布（Ahmad Harb）、卡里姆·巴古蒂（Karim Barghuti）、塔尼亚·纳西尔（Tania Nasir）、汉娜·纳西尔（Hanne Nasir）、罗杰·希科克（Roger Heacock）、阿卜杜勒·卡里姆·法塔赫（Abdul Karim Fatah）的客人，这使得此项目与以色列—巴勒斯坦问题的白热核心问题联系起来，我受邀访问的在耶路撒冷的贝扎雷艺术与设计学院和希伯来大学范莱尔学院，参加的特拉维夫市的科普罗电影节、申卡尔论坛，以及参观的特拉维夫艺术博物馆亦如此；以劳伦斯·韦施勒（Ren Weschler）②作为精神主导的芝加哥人文艺术节

---

① 英语人名"Lydia Liu"指美国哥伦比亚大学教授刘禾（Lydia H. Liu）。——译者注
② 英语人名"Ren Weschler"指劳伦斯·韦施勒（Lawrence Weschler），他是著名杂志《纽约客》（*New Yorker*）的特派记者，同时也是纽约人文研究院院长和芝加哥人文艺术节的艺术主管。——译者注

和纽约人文研究院同时将此项目与埃罗尔·莫里斯的作品联系起来；塔尼亚·布鲁格拉（Tania Bruguera）在古巴哈瓦那创立了 Catedra Arte de Conducta［字面意思是"行为艺术研究所"（Institute for the Art of Conduct）］，向我介绍了她的"有用的艺术"这一概念。我也受到许多视觉艺术家的作品和交谈的启发，包括玛格达莱娜·阿巴卡诺维奇、拉里·艾布拉姆森（Larry Abramson）、塔妮娅·布鲁格拉（再次提及）、格雷格·博尔多维茨（Gregg Bordowitz）、安东尼·戈姆莱（Antony Gormley）、汉斯·哈克、埃罗尔·莫里斯和罗伯特·莫里斯（再三提及），以及在本书中重点介绍其作品的各种各样的艺术家。

在此项目的最后阶段，朱迪丝·巴特勒（Judith Butler）和马克·史密斯（Marq Smith）的犀利、详细的读者报告起到了至关重要的介入作用。如果没有我的妻子珍妮斯·米苏雷尔—米歇尔，我的孩子们卡门·米歇尔（Carmen Mitchell）和加布里埃尔·米歇尔（Gabriel Mitchell），我最亲密的朋友和邻居比尔·艾尔斯（Bill Ayers）、伯纳德·道恩（Bernardine Dohrn）、艾伦·埃斯洛克（Ellen Esrock）、内德·麦克莱宁（Ned McLennen）、博尼塔·普莱梅尔（Bonita Plymale）和弗洛伦斯·塔格（Florence Tager）的支持，此项目将无法开始。坚定地支持我的编辑艾伦·托马斯阅读了本书的每一页和许多被舍弃的页面，他应该因本书可能具有的无论什么价值而赢得永久的赞誉。

我必须要提到吉尔·阿尼贾尔、马克·本杰明、阿克埃尔·比尔格拉米（Akeel Bilgrami）、戈特弗里德·伯姆、乔纳森·博多（Jonathan Bordo）、尼尔·柯蒂斯（Neal Curtis）、史蒂芬·艾森曼、彼得·加里森（Peter Galison）、哈乔·格鲁曼（Hajo Grundmann）、舍利扎德·哈桑（Scheherezade Hassan）、弗雷德里奇·詹姆森（Fredric Jameson）、拉希德·卡利迪和莫娜·卡利迪（Mona Khalidi）、诺曼·麦克劳德、希利斯·米勒（Hillis Miller）、尼古拉斯·米尔佐夫（Nicholas Mirzoeff）、玛丽-何塞扎因（Marie-Jose Mondzain）、梅·穆扎法尔（May Muzafar）、丹尼尔·朗维茨（Daniel Rabinowitz）、雅克·朗西埃、马克·西格勒、吉奥吉·恩德雷·松伊（Gyorgy Endre Szonyi）、迈克尔·陶西格和斯拉沃热·齐泽克（Slavoj Zizek），感谢他们启发了本书中的许多文字和思想。

最后，虽然雅克·德里达和爱德华·赛义德（Edward Said）两位导师的著作像油与醋一样并不完全融合，却为本书中难以驾驭的沙拉增添了风味，本书题献给他们。

注　释

第 1 章

1. 本章的第 2 个引言引自 Gil Anidjar，*The Jew, the Arab*: *A History of the Enemy* (Stanford, CA: Stanford University Press, 2003), xxiii.

2. 当然，针对一个概念或抽象事物的战争是有先例的，如被描绘成一场从穆斯林手中"解放"圣地之战的十字军东征。但是在这场战争中，目标也是明确的，征服耶路撒冷被理解为中心目标。

3. 2004 年 8 月 30 日美国全国广播公司（NBC）《今日》（*Today*）节目。参见 Dan Froomkin, "War: The Metaphor", 2005 年 8 月 4 日给 Washingtonpost.com 的特约稿。

4. 参见 "From CNN to JFK," in *Picture Theory*: *Essays on Verbal and Visual Representation* (Chicago: University of Chicago Press, 1994) 中我关于在第一次海湾战争中"萨达姆作为希特勒"的图像志的讨论。关于敌人作为一种正在消失的实体这一本体论，参见 *The Jew, the Arab* 中第 xxiii 页上阿尼德贾尔的精彩论述。

5. 感谢史蒂芬·丹尼尔斯的这个建议。

6. 艺术家菲尔·托莱达诺（Phil Toledeano）制作了阿布格莱布男子的一个"摇头娃娃"（一个在摇头的玩偶）版本，作为他的 2009 年 10 月"美国礼品店"项目的一部分。因为没有美国玩具制造商会碰它，所以这个玩偶不得不在中国深圳生产。托莱达诺把他选择这一图像的原因解释如下："它是这场战争中最具标志性的图像之一……它是伊拉克战争中的'被凝固汽油弹击中后沿着公路奔跑的裸体女孩'"。参见 http://www.americathegiftshop.com/#/5，2009 年 12 月 3 日访问。托莱达诺的"礼品店"也提供诸如宣传"动荡地区"的霓虹灯和可充气的关塔那摩湾监狱牢房等物品。另参见 http://amysteinphoto.blogspot.com/2009/10/must-see-shows.html，2009 年 11 月 14 日访问。

7. 这幅图像首次出现在 2004 年 5 月 12 日的《斯克兰顿论坛报》（*Scranton Tribune*）（《斯克兰顿时报》晨间版）上。感谢丹尼斯·德劳恩允许我在此复制这幅图像。

8. 莎拉·佩林（Sarah Palin）在 2008 年共和党大会上的演讲中最能说明问题的笑话是将社区组织者比作小镇镇长，而区别在于一个镇长（她曾是一位镇长）对一个选区负有实际责任。

9. 参见列夫·马诺维奇（Lev Manovich）关于社交媒体的文章："The Practice of Everyday (Media) Life: From Mass Consumption to Cultural Production," *Critical Inquiry* 35, no. 2 (Winter 2009), 319–31.

10. 当然，奥巴马使用了电视这一传统媒体，但是他主导这一领域的能力是基于他能够通过互联网从小额捐赠者那里筹集到的大量资金。

11. 国防部长拉姆斯菲尔德向总统提供的每日情报简报以圣经引文开头，强调这场战争的"圣战士"（crusader）特性，有关他这种方式的讨论参见 Robert Draper, "And He Shall Be Judged," *GQ*, May 2009.

12. 关于冷战意象在当代政治和反恐战争中的持续存在，参见拉希德·卡利迪（Rashid Khalidi）的 *Sowing Crisis: The Cold War and American Dominance in the Middle East* (Boston: Beacon Press, 2010); 另参见 *Philosophy in a Time of Terror* (Chicago: University of Chicago Press, 2003) 中雅克·德里达在接受吉奥凡娜·博拉多里（Giovanna Borradori）采访时的论点，德里达认为反恐战争是冷战即"头脑中的冷战"或"头伤风"的生物政治突变，这一论点将在第 4 章中详细讨论。

13. 右翼人士将奥巴马描绘为一个激进分子、一个穆斯林和一个共产主义者，这当然清楚地表明了奥巴马的当选接近于一场革命。但是在关于布什政府的犯罪行为和是否以战争罪审判他们的辩论中，这也成了一个相当真实的问题。正如菲利普·古雷维奇（Philip Gourevitch）在 2009 年春季指出："一般来说，20 世纪的战争罪起诉是由一群国家集体行动，针对另一个国家的（通常是战败的）领导人进行。当这些国家追究它们自己领导人的责任时，起诉往往不是发生在选举之后，而是在革命之后。"载于 2009 年 5 月 11 日《纽约客》（*New Yorker*）第 34 页。

14. 参见迪尔穆德·科斯特尔（Diarmud Costell）和多米尼克·威尔斯登（Dominick Willsdon）主编的《图像的生与死》（*The Life and Death of Images*）(London: Tate Publications, 2008) 中第 209 页上葛雷西达·波洛克（Griselda Pollock）的文章 "Response to W. J. T. Mitchell".

15. Frank Rich, "The Culture Warriors Get Laid Off," *New York Times*, March 15, 2009, p. 12.

16. 参见《图像何求？》（*What Do Pictures Want?*）(Chicago: University of Chicago

Press, 2005) 中我的文章 "The Work of Art in the Age of Biocybernetic Reproduction"。

第 2 章

1. 本章的第 2 个引言引自 Gil Anidjar, *The Jew, the Arab: A History of the Enemy* (Stanford, CA: Stanford University Press, 2003), 131.

2. Frank Rich, "The Culture Warriors Get Laid Off," *New York Times*, March 14, 2009.

3. *Human Cloning and Human Dignity: The Report of the President's Council on Bioethics*, with a foreword by Leon R. Kass, chairman. (New York: Public Affairs, 2002).

4. Oliver Burkeman and Alok Jha, "The Battle for American Science," *Guardian*, April 10, 2003. "当涉及从当前白宫出现的最激进的科学政策变化之一即严禁克隆人类之时，罗夫对布什的基督教—保守派选民基础的警觉和卡斯的道德信念被证明是一种有力的结合。"

"当罗夫把克隆认定为一个需要解决的议题时，布什总统任期还处于初期阶段。当罗夫建议向国会提交一项将禁止所有形式的克隆的议案时，布什政府对这个问题的轻视变得显而易见。卡斯则欣然同意：'我们对克隆人类的前景感到厌恶，'他写道，'不是因为这项事业的陌生或新奇，而是因为我们凭直觉知道和感觉到违反了我们理应珍视的东西'。"

5. 然而，在此重要的是要记住沃尔特·拉克尔（Walter Laqueur）的洞察，即恐怖主义是一个彻底的意识形态术语，昨天的恐怖分子经常是今天的民族解放英雄，参见 *A History of Terrorism* (New Brunswick, NJ: Transaction, 2001)。从一位在美国占领伊拉克的最初几年里领导了伊拉克什叶派起义（the Shiite insurrection）的"炽烈的神职人员"穆克塔达·阿尔·萨德尔（Moqtada al Sadr）地位的逐月变化中，人们可以看出这种转变在起作用。阿尔·萨德尔被谴责为罪犯，被痛斥为谋杀犯，并当作恐怖分子受到追捕，但是最终他被邀请加入"政治进程"。

6. Robert Pape, *Dying to Win: The Strategic Logic of Suicide Terrorism* (New York: Random House, 2006).

7. Geoffirey Nunberg, "How Much Wallop Can a Simple Word Pack?" *New York Times*, July 11, 2004, Op Ed page.

8. Ann Mongoven, "The War on Disease and the War on Terror: A Dangerous Metaphorical Nexus," *Cambridge Quarterly of Healthcare Ethics* 15, no. 4 (2006): 403–16.

9. 参见我的《图像理论》（*Picture Theory*）（Chicago: University of Chicago

Press, 1994）中的第 2 章《元图像》（"Metapictures"）。

10. 彼得·阿奈特（Peter Arnett）以在 1968 年新年攻势（Tet Offensive）① 期间一位匿名美国军官的看法报道了此事。事实证明，很难追溯此引文的确切来源，此引文已成为反对叛乱的不对称战争相关民间传说的核心。

11. "The Haze Administration: 'War on Terror' Is Out; 'Overseas Contingency Operations' Is In," *Wall Street Journal*, April 5, 2009.

第 3 章

1. 本章最初是作为于 2007 年 3 月 1 日至 4 日在柏林马克斯·普朗克科学史研究所（Max Planck Institute for the History of Science）举行的"Times of Cloning: Historical and Cultural Aspects of a Biotechnological Research Field"研讨会上的主旨演讲而发表。我要感谢汉斯·乔尔格·莱茵伯格（Hans-Jorg Rheinberger）、朱塞佩·特斯塔和克里斯蒂娜·布兰特（Christina Brandt）组织了这次特别令人振奋的活动。

2. Richard Lewontin, "The Confusion over Cloning," *New York Review of Books*, 44, no. 16, (October 23, 1997): 18–23.

3. Sarah Franklin, "Making Miracles: Scientific Progress and the Facts of Life," *Reproducing Reproduction*, eds. Sarah Franklin and Helena Ragone (Philadelphia: University of Pennsylvania Press, 1998), 103.

4. 然而，《牛津英语词典》中对一个"被单性繁殖出的祖先"（single sexually produced ancestor）的规定与当代生物学思想不一致，而且可能是早期观点的遗迹。我要感谢莱斯大学（Rice University）生物学教授凯文·福斯特（Kevin Foster）指出了这一点。

5. 参见 *Picture Theory*（Chicago: University of Chicago Press, 1994）中以《元图像》为标题的这一章中我对"元图像"（图像的图像）（picture of picture）的讨论，以及在《图像学》（*Iconology*）（Chicago: University of Chicago Press, 1986）第 5 页上对"超级图标"即图像生产的图像这一概念的讨论。

6. Jean Baudrillard, *The Vital Illusion* (New York: Columbia University Press, 2001), 18.

7. Jean Baudrillard, *The Evil Demon of Images* (St. Louis: Left Bank Books, 1987).

8. Theodor Adorno and Max Horkheimer, *Dialectic of Enlightenment* (1st German

---

① 英语短语"Tet Offensive"意为新春攻势，特指越南战争期间发生的 1968 年（戊申年）新春事件，该事件因其第一次进攻的发动时间在越南农历新年而得名。——译者注

edition, 1944; New York: Continuum, 1990), 5, 42, 32.

9. 这个短语借用自迈克尔·汤普森（Michael Thompson）的经典论文："The Representation of Life"，见于 *Virtues and Reasons*: *Essays in Honor of Phillippa Foote*, eds. Rosalind Hursthouse, Gavin Lawrence, and Warren Quinn (Oxford: Clarendon Press, 1995), 248 – 96.

10. Pamela Sargent, *Cloned Lives* (Greenwich, CT: Fawcett Publications, 1976).

11. Kazuo Ishiguro, *Never Let Me Go* (New York: Vintage, 2006), 166.

12. 例如，Jesse Reynolds, "The New Eugenics," in *Z Magazine* 11, no. 15 (November 2002): "反堕胎权力激进分子将研究性克隆视为以科学名义进行的堕胎"。http://zmagsite.zmag.org/Nov2002/Reynolds1102.htm, 2007 年 2 月 27 日访问。

13. 参见 *Never Let Me Go*，上文已讨论。

14. 参见美国司法部助理部长（Assistant Attorney General）杰伊·S. 拜比（Jay S. Bybee）（现为一名终身任命的联邦法官）的备忘录，他认为酷刑"在强度上必须相当于伴随诸如器官衰竭、身体功能受损或甚至死亡等严重身体损伤的疼痛"。Dana Priest and R. Jeffrey Smith, "Memo Offiered Justification for Use of Torture," *Washington Post*, June 8, 2004, A01. 另参见美国司法部副助理部长（Deputy Assistant Attorney General）约翰·尤（John Yoo）给白宫法律顾问阿尔伯特·冈萨雷斯的备忘录。http://news.findlaw.com/hdocs/docs/doj/bybee801021tr.html, 2009 年 12 月 3 日访问。比酷刑系统的设计者至今仍未受到惩罚这一事实甚至更令人不安的是，奥巴马政府继续以打击恐怖主义为托词用法律手法为有问题的程序辩护。Charlie Savage, "Obama Team Split on Tactics against Terror," *New York Times*, March 29, 2010, 1, 6.

15. 我要感谢印第安纳大学交际与文化专业副讲师舒亚·卡尼（Joshua Carney）使我注意到这部电影。

16. 詹戈·费特收到了 500 万酬金和"一个名叫波巴（Boba）的未被改变的克隆体"，作为对捐献他的 DNA 序列的回报，（可以说）波巴成为他的"独生子"，并在《星球大战》传奇中继续成为一个令人畏惧的敌人。参见《星球大战网络百科全书》（*Wookieepedia*①）中的条目"Grand Army of the Republic"，http://

---

① Wookieepedia 是一部提供《星球大战》虚构世界资讯的网络百科全书，包括所有《星球大战》影片、克隆人战争和延伸世界的信息。它是以建立一部全方位介绍星球大战世界的百科全书为目的而专门设立的 Wiki 站点，在风格上几乎是从虚构世界的视角来描述主题。Wookieepedia 是"Wookiee"与"Encyclopedia"的合成词，是一个在名称上巧妙运用"Wikipedia"的双关语，它的标志也效仿维基百科，显示一颗未完成的死星，与维基百科的"未完成的拼图"标志相对照。——译者注

starwars. wikia. com/wiki/Grand_Army_of_the_Republic，2009 年 12 月 3 日访问。

17. Ernesto Laclau，*On Populist Reason*（New York：Verso，2007）。

18. 参见玛丽·简·雅各布（Mary Jane Jacob）主编《学习思维：体验进入艺术》（*Learning Mind：Experience into Art*）（Berkeley：University of California Press，2009）中我的文章"Headless/Heedless：Experiencing Magdalena Abakanowicz"。正如阿巴卡诺维奇她自己的解释："我碰巧生活在一个因各种形式的集体仇恨和奉承而非同寻常的时代。游行者和游行队伍崇拜伟大而优秀的领袖，而这些领袖结果是大规模屠杀的凶手。我痴迷于人群的图像，人群如同一个没有大脑的有机体一样被操纵，如同一个没有大脑的有机体一样行事。我开始用粗麻布塑造人体，最后用青铜制成没有头、如躯壳一般的人体。他们构成一个代表持久焦虑的符号。"《集会》中的显著分离是阿巴卡诺维奇决定通过将人群安排成没有头目的而使人群的"无头性"双重化——考虑到各种因素，"无头性"可能是一个充满希望的符号。信息来源 http://www. princeton. edu/pr/pwb/04/0920/8n. shtml，2009 年 12 月 3 日访问。我要感谢艾伦·托马斯在这一点上的帮助。

19. 引用与诗人、学者和自然作家威廉·福克斯（William Fox）的对话。另参见 Thomas E. Graedel and Paul J. Crutzen，*Atmosphere，Climate，and Change*（New York：Scientific American Library，1995）。

第 4 章

1. 本章最初是为 2005 年 2 月卡多佐法学院关于德里达的研讨会而撰写，以一个有实质差异的版本刊于 *Cardozo Law Review* 27，no. 2（November 2005）：913 - 25。它略有修订的版本被重印于 *Critical Inquiry* 33，no. 2（Winter 2007）即关于德里达的特刊中，以书的形式再版于 W. J. T. 米歇尔和阿诺德·戴维森主编的《晚期的德里达》（*The Late Derrida*）（Chicago：University of Chicago Press，2007）。本章的引言引自 Dexter Filkins，"Profusion of Rebel Groups Helps Them Survive in Iraq," *New York Times*，December 2，2005，1。

2. http://www. nlm. nih. gov/medlineplus/ency/article/000816. htm。

3. 关于冷战意象在反恐战争中的持续存在，参见 Rashid Khalidi，*Sowing Crisis：The Cold War and American Dominance in the Middle East*（Boston：Beacon Press，2009）。

4. Jacques Derrida，Interview with Giovanna Borradori，in *Philosophy in a Time of Terror*（Chicago：University of Chicago Press，2003）。对这次采访的引用标注在正文和注释中的括号里。

5. 我在此自始至终都要感谢与哈乔·格伦德曼（Hajo Grundmann）博士有关免疫系统的对话，他是我 2004 年至 2005 年在柏林高等研究院的同事。格伦德曼博士是荷兰比尔特霍芬国家公共卫生与环境研究所（the National Institute for Public Health and the Environment）流行病学高级讲师。

6. 外国入侵的模式仍然是奥巴马政府的核心，尤其是在它的阿富汗政策中，该政策是基于这一观念：如果塔利班不被击败，阿富汗会成为将派出袭击者袭击美国的恐怖分子训练营的基地。正是同样一种被误导的思想把伊拉克变成了反恐战争的"前线"（原文如此）。

7. 还有关于象征性的"双子塔"（其出奇的"双生特性"或"克隆"特性将在后面讨论）。正如让·鲍德里亚指出的，"双子塔不再有任何正面、任何面孔……仿佛建筑就像系统一样，现在仅仅是克隆的一种产物和不变的基因代码的一种产物"。参见克里斯·特纳（Chris Turner）翻译：*The Spirit of Terrorism*（《恐怖主义精神》）（London：Verso，2002），40。我们也应注意到，双子塔已被不合所有逻辑地选作联邦调查局在纽约市反恐办公室的神经中枢。

8. Donna Haraway, "The Biopolitics of Postmodern Bodies: Constitution of Self in Immune System Discourse," in *Cyborgs, Simians, and Women* (New York: Routledge, 1991), 203–54, 引文在第 205 页上。关于免疫学进化简史，参见 Francisco J. Varela and Mark R. Anspach, "The Body Thinks: The Immune System and the Process of Somatic Individuation," in *Materialities of Communication*, eds. Hans Ulrich Gumbrecht and K. Ludwig Pfeiffer (Palo Alto, CA: Stanford University Press, 1994), 273–85.

9. 关于古代哲学中关于隐喻的精彩讨论，参见 John Protevi, *Political Physics: Deleuze, Derrida, and the Body Politic* (London: Athlone Press, 2001).

10. 汉斯·贝尔廷提醒我，这种"两极图像"（bipolar image）在"基督圣体"（corpus Christi）即"基督身体"（the body of Christ）这一概念中也有一种宗教基础，它既是信徒们的集体身体，也是在圣餐圣礼中所领受的圣体（the Eucharistic body）。在基督论的话语中，部分代表整体、整体代表部分即提喻与反向提喻这种相同的无法确定的修辞起着作用。

11. Arthur M. Silverstein, *A History of Immunology* (San Diego, CA: Academic Press, 1989), 1.

12. 正如德里达所说，"有关'9·11'的可怕之处……是我们不知道它是什么，因此不知道如何描述、识别它，或甚至如何命名它"（第 94 页）。

13. 然而必须这样说，德里达远不如我那么有兴趣继续探讨免疫系统在其"适当的"免疫学领域中的隐喻。正如他所说，"出于某种过度的生物学主义的或遗传学的倾向"［引自 Rodolphe Gasche, review of Derrida's *Rogues*: *Two Essays on Reason*, *Research in Phenomenology*, 34（2004）: 297.］，他并不特别优待这个概念。我在这儿的目的是探讨这个隐喻的"过度"或补充性。

14. "获得性免疫的克隆选择理论"由弗兰克·麦克法兰·伯内特（Frank McFarlane Burnet）提出，并因此获得诺贝尔奖。参见《生命科学百科全书》（*The Encyclopedia of Life Sciences*）中有关伯内特的文章，http://www.els.net。

15. 使用高空轰炸甚至使用更精准的无人机对疑似恐怖分子集中区进行"外科手术式打击"，其效果通常是因杀死的无辜平民比可证实的恐怖分子多得多而使情况变得更糟，从而引发对抗美国的反应及站在其敌人一边的倾向。参见 David Kileullen and Andrew McDonald Exum, "Death from Above, Outrage Down Below," *New York Times*, May 17, 2009, The Week in Review, 13.

16. 截至 2006 年 6 月 15 日，据右翼网站 TheReligionofPeace.com 统计，自"9·11"事件以来全世界共发生了 5159 起恐怖主义袭击事件。然而，他们的结论是伊斯兰教本身是主要危险。

17. 对肯尼迪工作的讨论，参见 John Seabrook, "Don't Shoot: A Radical Approach to the Problem of Gang Violence," *New Yorker*, June 22, 2009, 32–41.

18. Nicholas Kristof, "Johnson, Gorbachev, Obama," *New York Times*, December 3, 2009, A33.

19. 参见 Greg Mortensen, *Stones into Schools*: *Promoting Peace with Books*, *Not Bombs*, *in Afghanistan*（New York: Viking, 2009）: "这全是在国会议员和将军们畅所欲言的基础上决定的，而没有人咨询阿富汗的长老们。"引自 Kristof, "Johnson, Gorbachev, Obama"。

20. 据当时推测，第一次与第二次撞击双子塔之间的短暂间隙被计算出来以最大限度地扩大媒体报道，因为明显的是在首次撞击之后全球媒体系统中心的每台摄像机都将立即对准世界贸易中心。

21. 参见刊登于《纽约时报》上的《奥萨马大叔》招募海报（图 11），该海报号召所有爱国的美国人入侵伊拉克，这是布什政府并不明白的一点反讽，布什政府的所为正是基地组织所想要的。关于在四个不同总统任期内美国反恐怖主义负责人有关作为应对"恐怖"的伊拉克战争这一愚蠢之举的讨论，另参见 Richard A. Clarke, *Against All Enemies*: *Inside America's War on Terror*（New York: Free Press, 2004）.

第 5 章

1. 本章最初是为致敬罗纳德·保尔森的纪念文集而撰写的，发表于 *ELH 72*，no. 2（Summer 2005）：291–308.

2. 保尔森所用术语出自托马斯·怀特利（Thomas Whateley）的 *Observations on Modern Gardening*（London, 1771），这些术语将具有清晰易读特征的象征性花园与寓言性的纪念碑联系起来，同时竭力主张一种产生"即刻印象"的"富有表现力的"美感。参见 Ronald Paulson, *Emblem and Expression*：*Meaning in English Art of the Eighteenth Century*（Cambridge, MA：Harvard University Press, 1975），52.

3. 另参见《图像的未来》（*The Future of the Image*）（New York：Verso, 2007）中第 48 页上雅克·朗西埃论"句子—图像"（sentence-image）。

4. Paulson, *Emblem and Expression*, 8.

5. 关于作为"语—图"问题一个版本的索绪尔的能指/所指关系这一概念的进一步讨论，参见我的文章"Word and Image," in *Critical Terms for Art History*, eds. Robert S. Nelson and Richard Shiff（Chicago：University of Chicago Press, 1996），47–58.

6. 我在这里引用雅克·德里达的差异（difference）（一个延迟、产生分歧的时刻）这一概念和让—弗朗索瓦·利奥塔（Jean-Francois Lyotard）的"异识"（differend）即冲突或分歧这一概念。参见 Lyotard, *The Differend*：*Phrases in Dispute*, trans. George VanDen Abbeele（Minneapolis：University of Minnesota Press, 1988）.

7. 我在《图像学》（*Iconology*）（Chicago：University of Chicago Press, 1986）中详细讨论了这些差异。有关拉康的视觉驱力与发声驱力之间区别的讨论，见于《图像何求？》（*What Do Pictures Want?*）（Chicago：University of Chicago Press, 2005），351–52。

8. Jacques Derrida, *Languages of the Unsayable*, eds. Sanford Budick and Wolfgang Iser（New York：Columbia University Press, 1989），3–70.

9. 当然，我们应该把 the unspeakable 与 the unsayable 区别开来。在英语方言中，"我不能说"（"I cannot say"）和"我不会说"（"I cannot speak"）这两句话伴有截然不同的细微语义差别。

10. Ludwig Wittgenstein, *Tractatus Logico-Philosophicus*, trans. D. F. Pears and B. F. McGuinness（London：Routledge and Kegan Paul, 1961）.

11. John Conroy, *Unspeakable Acts, Ordinary People*：*The Dynamics of Torture*（Berkeley：University of California Press, 2000）.

12. 露丝·莱斯（Ruth Leys）认为，创伤理论作为一个整体可以最好地理解为"同时被模仿—暗示的（the mimetic-suggestive）创伤模式所吸引和排斥"。一方面，创伤被视为是极度具象的，经由"困扰"受害者的语言与图像充分地介导，并且需要像催眠式重演和疏通这类以实现疗效。另一方面，与之相反，当代"以大脑为中心"的创伤理论则将创伤视为一种不能被讲述或展示的、根本不可再现的"真实"（Real）。参见 Leys, *Trauma: A Genealogy* (Chicago: University of Chicago Press, 2000), 6–8. 关于作为立于再现之外的反模仿性创伤模式的一种文化主义版本，另参见 Cathy Caruth, *Unclaimed Experience: Trauma, Narrative, and History* (Baltimore: Johns Hopkins University Press, 1996).

13. 参见雅克·朗西埃的《图像的未来》（*The Future of the Image*）中第 5 章"Are Some Things Unrepresentable?".

14. Giorgio Agamben, *Homo Sacer* (Stanford, CA: Stanford University Press, 1998).

15. 罗伯特·格里芬（Robert Griffin）指出，我正在混合（并混淆）索绪尔的两个不同类比：第一个类比是"将语言比作一张纸"，其中"思想是正面，声音是背面"[Ferdinand de Saussure, *Course in General Linguistics*, trans. Wade Baskin (New York: McGraw-Hill, 1966), 113]。第二个类比是将硬币作为一个符号的交换价值的隐喻，这个符号代表不同于它自身的某物（一条面包）或类似于它自身的某物（另一枚硬币）。人们可能会相当详尽地反思索绪尔将语言比作一种纸张形式与比作金属货币这两个隐喻的动机，其一是一种可无限期分割的媒介，被"切割"以产生思想与声音之间关系、所指与能指之间关系的一种无限性；其二是作为一种坚硬的物体，其重要性在于其价值或可替代性，而不在于其意义。在任一情况下，符号的限制条件（在于意义和价值的过量或是耗尽）都在创伤与宗教体验的融合中被描绘出来。正如布莱克在《精神旅者》（"The Mental Traveller"）中所说："这些是人类灵魂的宝石／相思之眼的红宝石和珍珠／疼痛之心的无数黄金／殉道者的呻吟和恋人的叹息。"超越所有能指的所指和无价商品是对不可言说和不可想象之事物的符号学和经济学的比喻。

16. 关于神的言语表征与视觉表征之间区别的探讨，参见 Moishe Halbertal and Avishai Margalit, *Idolatry* (Cambridge, MA: Harvard University Press, 1992).

17. 我们在此不禁会回到索绪尔的另一个精彩的类比，即将语言比作"思想与声音"的关系，比作类似两个混沌媒介或"无定形物质"之间的界面——"空气与一片水域接触"（《普通语言学教程》，第 112 页）。"水波类似于思想与语音物质的联合或结合。"那么，不可言说之事物／不可想象之事物将是语言的（思想的/声音的)"波"的有序连续性被某种混乱的干扰或过量——语言中的涡流或大漩涡(或灾难性海啸)所打断的时刻。

18. 参见乔尔·斯奈德的文章"Visualization and Visibility"中他对摄影作为一种"对不可见事物的图绘"的研究,载于 *Picturing Science/Making Art*, eds. Carrie Jones and Peter Galison (London: Reaktion Books, 1997)。

19. 关于米斯委员会有关色情作品的报告(证明禁止色情作品是正当的一种尝试)本身作为色情作品被消费方式的精明讨论,参见苏珊·斯图尔特(Susan Stewart)的"The Marquis de Meese",载于 *Critical Inquiry*, 15, no. 1 (Fall 1998)。

20. 参见我的文章"Representation and Violence"中有关暴力作为一种传递信息方式的讨论,载于 *Violence in America*, ed. Ron Gottesman, 3 vols. (New York: Scribners, 1997)。

21. 在第二次世界大战期间,纳粹选择了例如比利时的鲁汶市来为比利时人"树立榜样",以此来告诉他们如果不投降,他们所有的城市将会发生什么。类似地,对非参战者的处决或酷刑或对被认为在"窝藏"恐怖分子的一个民族的集体惩罚本身就是一种恐怖形式,也是一种战争罪行。乔治·W. 布什在反恐战争早期就宣布我们将"不区分"恐怖分子与"窝藏"恐怖分子的那些人,从国际法的立场和《日内瓦公约》的"古怪"声明来看,这是对犯罪意图的明确宣言。

22. Richard Clarke, *Against All Enemies: Inside America's War on Terror* (New York: Free Press, 2004), 138.

23. 关于被误认为是有关克隆人类的一种推理样本,参见莱昂·卡斯的"Testimony Presented to the National Bioethics Advisory Commission," March 14, 1997, Washington, DC:

> 反感通常是深刻智慧的情感载体,完全超越理性的力量来明确表达它。有谁真的能够给出一个完全充分的论据来说明父女乱伦(即使经同意)或与动物发生性关系或吃人肉或甚至只是强奸或谋杀另一个人的恐怖吗?如果有人不能为自己对这些做法的反感给出充分、合理的辩护,这是否会使得那种反感在伦理上是可疑的?根本不会。在我看来,我们对克隆人类的反感就属于这一类。(http://www.all.org/abac/clontx04.htm, 2003 年 5 月 21 日访问)。

24. 关于第二条诫命与活态图像概念之间关系的更为完整的描述,参见"The Surplus Value of Images",载于我的《图像何求?》(*What Do Pictures Want?*)。

25. 莱昂·卡斯为 *Human Cloning and Human Dignity* (New York: Public

Affairs, 2002）所写序言即《总统生物伦理学委员会报告》将"9·11"恐怖主义袭击与克隆问题明确地联系起来："自9月11日以来，人们感觉到美国的道德严肃性明显增强……我们更清楚地看到邪恶的本质。"（第xv页）。卡斯推荐"一条谨慎的中间路线，一方面避免不人道的奥萨马·本·拉登们，另一方面避免后人类的美丽新世界的人们"（第xvi页）。

26. 严格来说，对于阿甘本的神圣人，牺牲的受害者的角色是被排除在外的。他是一个"可能被杀死但不被献祭"的形象。但是这是一个视角问题。当然从恐怖主义者的角度来看，自杀通常是为了更大的善而做出的利他主义的牺牲行为。

第6章

本章的早期版本发表为"Cloning Terror: The War of Images, 9 – 11 to Abu Ghraib"，载于 *The Life and Death of Images*, eds. Diarmuid Costello and Dominic Willsdon（Tate Publishing, 2008），2008年泰特版权所有，经泰特赞助人许可再版。

1. 本章的第一个引言引自诺曼·麦克劳德的文章"Images, Tokens, Types, and Memes: Perspectives on an Iconological Mimetics"，载于 *The Pictorial Turn*, ed. Neal Curtis（London: Routledge, 2010）。

2. 关于进一步的讨论，参见 Sandor Hornyk, "On the Pictorial Turn," *Exindex* 25, no. 2（February 2005）。"The Pictorial Turn"最初的论文版本刊登于 *Artforum*, March 1992, 89ff。该文的德文翻译版本刊登为 *Privileg Blick: Kritik der visuellen Kulturen*, ed. Christian Kravagna（Berlin: Edition ID-Archiv, 1997）中第15 – 40页上的第1章。另参见 *The Pictorial Turn*, ed. Neal Curtis, 期刊 *Culture, Theory, and Critique* 2009年秋季的一期特刊后由劳特利奇出版社再版出书（2010年）。

3. 关于对图像作为生命形式的科学性依赖的全面讨论，参见诺曼·麦克劳德的文章，载于 *Culture, Theory, and Critique* 2009年秋季的一期特刊"The Pictorial Turn"中。关于我对图像/物种关联的讨论，另参见"On the Evolution of Images"，载于《最后的恐龙之书：一个文化图标的生命与时代》（*The Last Dinosaur Book: The Life and Times of a Cultural Icon*）（Chicago: University of Chicago Press, 1998），103 – 10，以及"The Surplus Value of Images"，载于 *What Do Pictures Want*?（Chicago: University of Chicago Press, 2005），76 – 109。

4. Ludwig Wittgenstein, *Philosophical Investigations*, trans. G. E. M. Anscombe（New York: Macmillan, 1953），32。维特根斯坦认为，家族相似性是解构一个家族的所有成员（例如所有被称为"游戏"的东西）一定具有"某些共同点"这一观念的方式。他把要找到所有同名事物的本质或共同要素的冲动称为仅仅是"玩文字游戏"。我的感觉是,这种文字游戏是无可救药的,而且既用科学语言又用普通语言生产不精确的但仍引人入胜的画面。

5. Michel Foucault, *The Birth of Biopolitics*: *Lectures at the College de France*, 1978 – 1979, trans. Graham Burchell (New York: Palgrave-Macmillan, 2008), 227 – 29.

6. 关于对这部电影更为扩展的解读,以及恐龙作为一种文化图标的整个历史,参见我的研究成果《最后的恐龙之书:一个文化图标的生命与时代》。

7. 在《侏罗纪公园》公映之时,人们普遍认为通过克隆使灭绝的动物复活是不可能的,或者至少是极不可能的,因为化石通常不含任何含有 DNA 的软组织痕迹。然而,自 20 世纪 90 年代初以来,已经变得清楚的是,克隆西伯利亚猛犸象(其肉体一直被保存在冰川中)是一种可能性。而且最近也发现了含有软组织的恐龙化石。简而言之,不可能之事是一种历史性的禁止,而不是绝对的禁止。

8. 要更多地了解有关图像、动物与未来形象这一问题,参见 *Culture, Theory, and Critique* 2009 年秋季的一期特刊 "The Pictorial Turn" 中我的文章 "The Future of the Image"。

9. 参见《图像何求?》(*What Do Pictures Want?*)中我的文章 "The Work of Art in the Age of Biocybernetic Reproduction"。

10. "Autoimmunity," in Giovanna Borradori, *Philosophy in a Time of Terror*: *Dialogues with Jurgen Habermas and Jacques Derrida* (Chicago: University of Chicago Press, 2003). 参见上文第 4 章中对这个概念的进一步讨论。

11. Giorgio Agamben, *Homo Sacer*: *Sovereign Power and Bare Life*, trans. Daniel Heller-Roazen (Stanford, CA: Stanford University Press, 1998).

12. 马丁·P. 莱文(Martin P. Levine)指出,"克隆人象征着现代的同性恋。"参见 Gay Macho, *The Life and Death of the Homosexual Clone* (New York: New York University Press, 1998);另参见 Roger Edmondson, *Clone*: *The Life and Legacy of Al Parker*, *Gay Superstar* (Los Angeles: Alyson Publications, 2000)。

13. Tom Abate, "Odd-Couple Pairing in U. S. Cloning Debate: Abortion-Rights Activists Join GOP Conservatives," *San Francisco Chronicle*, August 9, 2001. 艾贝特指出,对克隆的反对是基于截然不同的立场:"女权主义者……反对克隆"是因为"它将把妇女的卵子和子宫变成商品,而堕胎反对者"倾向于将克隆与堕胎等同起来。参见 http://www.sfgate.com/cgi-bin/article.cgi? file =/chronicle/archive/2001/08/09/ MN24275. DTL。

14. 关于平民主义、人群和大众的权威讨论,参见 Ernesto Laclau, *On Populist*

Reason（New York：Verso，2007）。

15. http://web.archive.org/web/20050924035118/www.weeklyworldnews.com/conspiracies/58985，2005年11月18日访问。《世界新闻周刊》(*The Weekly World News*) 也报道说，恐怖分子已经完善了一种能将爆炸点30英里内的每个人都变成同性恋的炸弹，http://web.archive.org/web/20051026003801/weeklyworldnews.com/conspiracies/61525。

16. Jean Baudrillard，*The Spirit of Terrorism*，trans. Chris Turner（New York：Verso 2002），38，40。

17. Terry Smith，*The Architecture of Aftermath*（Chicago：University of Chicago Press，2006）。

18. 塔利班特使是赛义德·拉赫马图拉·哈希米（Sayed Rahmatullah Hashimi）。参见"Taliban Explains Buddha Demolition，" *New York Times*，March 19，2001。"据他描述，这一破坏在上个月促成，当时一个主要由欧洲特使和一名联合国教科文组织代表所组成的访问团愿意提供资金以保护在巴米扬的巨大立佛，塔利班在那里参与打击一个反对派联盟。拉赫马图拉先生说，当这些来访者愿意提供资金来修缮和维护这些雕像时，塔利班的毛拉们被激怒了。这些学者们告诉他们：与其把钱花在雕像上，他们为何不帮助我们那些将死于营养不良的孩子们？他们拒绝了那个提议并说道，'这笔资金仅用于雕像'。"

19. http://www.paktribune.com/images/EditorImages/Bamiyancalendar.jpg，2009年12月5日访问。

20. David Simpson，*9/11 and the Culture of Commemoration*（Chicago：University of Chicago Press 2005），以获取对围绕"9·11"的"记忆产业"的评论。

21. 马夫拉克斯牧师是基督复临安息日会（Seventh Day Adventist）的一名牧师。

22. Robert Draper，"And He Shall Be Judged，" *GQ*，June 2009，涉及唐纳德·拉姆斯菲尔德的每日《世界各地情报更新》（"Worldwide Intelligence Updates"），其中点缀有圣经引文，"混合……圣战似的信息发送与战争意象"，http://www.gq.com/news-politics/newsmakers/200905/donald-rumsfeld-administration-peers-detractors，2009年11月22日访问。

23. 关于这幅图像的讨论，参见凯文·克拉克的网页 http://www.kevinclarke.com/。

24. Richard A. Clarke，*Against All Enemies：Inside America's War on Terror*（New York：Free Press，2004）。

25. 尽管围绕伊拉克的大规模杀伤性武器（WMD）仍存在"不确定性"，但正如康多莉扎·赖斯（Condoleezza Rice）在极力主张入侵伊拉克时所说："我们并不想要这支正在冒烟的枪变成一朵蘑菇云。" "Top Bush Officials Push Case against Saddam," CNN. com/Insidepolitics, September 8, 2002. http：//archives. cnn. com/2002/ALLPOLITICS/09/08/iraq. debate/，2009 年 11 月 22 日访问。

26. 我深深感谢舍赫里扎德·哈桑（Scheherezade Hassan）、梅·穆扎法尔（May Muzafar）和扎伊纳布·巴拉尼帮助我破译了这张非同寻常的照片。哥伦比亚大学艺术史和中东研究教授巴拉尼指出，背景中的这个建筑可能不是一座清真寺（没有宣礼塔），而是一座麻扎（一个圣地或陵墓）。这个认定仍会暗示参加一场圣战的一支神圣军队的言外之意，而且如果这个建筑确实是一座陵墓，那它会暗示这是一种"幽灵军队"，起死回生以保卫伊拉克免受入侵。

27. 本节的引言引自 Vincent Ruggiero, "Terrorism：Cloning the Enemy," *International Journal of the Sociology of Law* 31（2003），23 - 34，引文在第 33 页上。

28. 关于萨达姆与希特勒的融合，参见我的《图像理论》（*Picture Theory*）（Chicago：University of Chicago Press，1994）中第 13 章中的文章"From CNN to JFK"。

29. 参见纪录片《控制室》（*Control Room*）［杰哈尼·努贾姆（Jehane Noujaim）执导，2004 年］，其中包括那些注意到这个人群是由许多非伊拉克人组成的目击者的证词。另参见 Robert Fisk, "Saddam Statue Scene Staged," *The Independent*, April 11，2003. http：//www. twf. org/News/Y2003/0411-Statue. html.

30. "The Greatest Jeneration," http：//www. greatestjeneration. com/archives/001199. php.

31. 萨达姆拒绝在他被处决时戴上头套，这具有使他在整个阿拉伯世界的大部分地区立即成为一名殉道者的效果。

32. http：//www. thetruthseeker. co. uk/article. asp？id = 3718.

33. 本节的第一个引言引自 Ludwig Wittgenstein, *Philosophical Investigations*, trans. G. E. M. Anscombe（Blackwell：Oxford 1953），178.

34. 然而，请参见英国医学杂志《柳叶刀》（*Lancet*），以及它基于人口统计数据的关于大量伊拉克伤亡人数的报告。

35. 在奥巴马政府执政的头几天里即 2009 年 2 月 27 日，国防部长罗伯特·盖茨（Robert Gates）解除了这项禁令。

36. 根据哥伦比亚大学新闻学研究生院院长大卫·凯拉特尔（David Klatell）所说，拍照者的出现也可能激发了人群的热情。参见"Powerful Images Debated,"

Chicago Tribune, April 2, 2004, 11.

37. 参见迈克尔·陶西格关于在哥伦比亚的象征性肢解的讨论,"The Language of Flowers," *Critical Inquiry* 30, no. 1 (Autumn 2003).

38. 坦尼娅·费尔南多 (Tanya Fernando) 在她的博士论文 "Shock Treatments" (University of Chicago, 2005) 中讨论了现代主义的"震惊"与后现代主义的"创伤"之间的区别。

39. "Powerful Images Debated," *Chicago Tribune*, April 2, 2004, 11.

40. 法兹·纳梅克 (Farzi Nameq) 教长"谴责肢解四名美国人的行为"是"非伊斯兰教的亵渎行为。"他还警告说,这将给这座城市带来毁灭。参见"Cleric in Fallujah Decries Mutilations," *Chicago Tribune*, April 3, 2004, 3. 这个宣言似乎不太可能是基于将人体作为一个神的图像 (imago dei) 的任何观念。那是一种与基督教神学,尤其是与道成肉身和天主教关于身体复活的教义更为协调的教义。从伊斯兰教的观点来看,肢解尸体主要是一种社会性的罪 (social sin),先知本人明确对其如此界定,这是一种应被避免的罪,因为它有能力动员来自敌人的报复。我要感谢阿伯多卡里姆·索罗什 (Abdolkarim Soroush) 关于伊斯兰教禁止肢解的忠告。

41. 至少这是官方的解释,被像迪克·切尼 (Dick Cheney) 这样的人不断重复到令人作呕。更有可能的是,该计划旨在引出虚假的供词,能够用以支持布什政府关于伊拉克、基地组织与"9·11"事件之间关联的谎言。

42. 旧金山卡波比安科画廊 (Capobianco Gallery) 在经历了几次故意破坏的攻击之后,所有者洛瑞·黑格 (Lori Haigh) 被迫关闭了她的画廊。

43. 参见 Mark Danner, "Abu Ghraib: The Hidden Story," *New York Review of Books*, 51, no. 15 (October 7, 2004), 44. 另参见他的 *Torture and Truth: America, Abu Ghraib, and the War on Terror* (New York: NYRB Collections, 2004).

44. 曾有明显的例外,诸如《塔古巴报告》(Taguba Report) 和布伦特·帕克对照片的法医分析 (参见第 8 章中的讨论)。对阿布格莱布监狱的官方调查因受到限制而更为典型地陷入瘫痪,限制是针对调查被允许进行到军方和文职等级体系的级别高低。实际上,塔古巴少将因审慎地试图提供一个诚实和彻底的调查而实际上结束了他的职业生涯。有关用于遏制调查的"微妙的官僚策略",参见 Danner, "Abu Ghraib".

45. 与哈克的《凝视星星》产生共鸣的另一幅图像是紧接 2004 年 11 月总统选举后德国重要杂志《明镜周刊》(*Der Spiegel*) 的封面。该封面展示了被美国国旗蒙住眼睛的自由女神像,并附有说明文字:《闭上你的双眼并向前俯冲》

("Augen zu und durch")。斯坦利·库布里克（Stanley Kubrick）的最后一部电影《大开眼戒》（*Eyes Wide Shut*）的标题提供了一种不那么字面化的但更有诗意的翻译。

第 7 章

本章的早期版本发表为"The Abu Ghraib Archive"，载于 *What Is Research in the Visual Arts? Obsession, Archive, Encounter* (Clark Studies in the Visual Arts)，eds. Michael Ann Holly and Marquard Smith (Clark Art Institute, January 13, 2009).

1. 我希望感谢马克·本杰明给予我接触阿布格莱布监狱图像主盘的机会。

2. 哈曼在她的军事审判时就这一观察评论作证，并在接受埃罗尔·莫里斯采访时重复了同样的言论。她在阿布格莱布监狱期间所写的那些信中也做了这样的评论。她信中的这段话引自 JoAnn Wypijewski, "Judgment Days: Lessons from the Abu Ghraib Courts-Martial," *Harper's*, February 2006, 47.

3. Sarah Sentilles, "'He Looked Like Jesus Christ': Crucifixion, Torture, and the Limits of Empathy as a Response to the Photographs from Abu Ghraib," *Harvard Divinity School Bulletin* 36, no. 1 (Winter 2008).

4. 关于面具与头罩之映照、施虐者与受害者之映照的讨论，参见上文第 5 章《不可言说之事物和不可想象之事物》。

5. Stephen Eisenman, *The Abu Ghraib Effect* (London: Reaktion Books, 2007).

6. 拉斐尔·帕泰的臭名昭著的东方主义模式化形象百科全书 *The Arab Mind* (New York: W. W. Norton, 1976) 充当了那些为入侵伊拉克提供了理论框架的新保守主义知识分子的教科书，该书作为一种实践指南似乎已经渗透到军事界和情报界。

7. Jacques Rancière, *The Future of the Image* (*Le destin des images*) (New York: Verso, 2007), 27-28. 本章中后续对朗西埃的引用标注在括号里。

8. Greenberg, "Avant Garde and Kitsch," *Partisan Review* (Fall 1939), reprinted in *Clement Greenberg: The Collected Essays and Criticism*, ed. John O'Brien (Chicago: University of Chicago Press, 1986).

9. 石油是入侵伊拉克的"真正"动机这一观点，当然不可能像自我防卫（大规模杀伤性武器）、报复（基地组织和"9·11"事件）以及从暴政中解放的论点那样用同一种道德辞令来公开宣称。

10. 丹尼尔斯发表了这一评论，回应 2007 年 7 月 5 日我在诺丁汉大学关于这一主题的研讨会。

11. 关于这种图像研究方法的详细阐述，参见我的著作《图像何求？》（*What Do Pictures Want?*）（Chicago：University of Chicago Press，2005）.

12. Meyer Schapiro，"Words and Pictures：On the Literal and the Symbolic in the Illustration of a Text," in *Words，Script，and Pictures：Semiotics of Visual Language*（New York：Braziller，1996）.

13. 参见 Allan Sekula，"The Body and the Archive," in *The Contest of Meaning：Critical Histories of Photography*，ed. Richard Bolton（Cambridge，MA：MIT Press，1989），343 – 88，引文在第 347 页上。除了那些围绕塞库拉的"治安"类别和"礼貌"类别（如地理调查、历史时期、战争、艺术收藏）编制的摄影档案之外，一定还有其他种类的摄影档案，但是塞库拉的说法与阿布格莱布监狱拍照者的实际做法非常吻合。

14. 哈曼在当时写给她家乡女友的那些信件中，明确表示她了解某种非法的事情正在发生，并表明她打算用照片记录它以提供虐囚证据。参见 Wypijewski，"Judgment Day".

15. 这一说法直接反驳了这种普遍的概念，即数码照片不知怎地已经失去了它们以前与真实事物之间的联系，并且特别容易受到操控和修改。关于这一论点的更多信息，参见我的文章 "Realism and the Digital Image," in *Critical Realism and Photography*，eds. Jan Baetens and Hilde van Gelder（Leuven：Leuven University Press，即将出版）.

16. Sekula，"The Body and the Archive," 351.

17. 当然，元数据能够被知道如何操控的人操控，正如模拟图像能够被具有 Photoshop 软件基本知识的任何人操控。但是，没有什么能保证保存在笔记本里或在基于化学显影的摄影照片背面上关于时间、地点和相机设置的那些记录的准确性。关键的区别在于在拍照的时刻这种数据现在会随着模拟图像被自动地输入。

18. 参见《标准操作流程》中埃罗尔·莫里斯对帕克的采访。

19. 在尚未公布的阿布格莱布监狱照片当中有赤身裸体的妇女和儿童的图像。

20. 在查理·格拉纳对美国陆军刑事调查司令部调查的证词中，他也对这部纪录片提出了类似的主张，他的照片的特性并不是"战利品"。但是与萨布丽娜·哈曼的证词不同，他的证词没有当时所写的任何信件的佐证。信息来源：《沙龙》杂志的马克·本杰明（私人交流）。

21. 参见《标准操作流程》中埃罗尔·莫里斯对萨布丽娜·哈曼的采访。

22. 根据《标准操作流程》中对萨布丽娜·哈曼的采访，法院的大多数人都想对她从轻发落，但是一名法官主张她应该被判处 5 年监禁。6 个月监禁这一判决是一种折中方案。

23. 梅根·安布尔是被发现在阿布格莱布监狱照片上位于边缘的三名女性之一。她在查尔斯·格拉纳入狱后嫁给了他。我在此引用了《标准操作流程》中埃罗尔·莫里斯对她的采访。

24. 2003年11月格拉纳在酷刑丑闻中获得了嘉奖。参见 Paul von Ziebauer and James Dao, "The Struggle for Iraq: The Jailer," *New York Times*, May 14, 2004. 关于林迪·英格兰有关格拉纳获得官方嘉奖以及来自查看了他拍摄的虐囚照片的中央情报局官员的赞扬的证词,另参见 Wired.com, http://www.wired.com/threatlevel/2008/03/convicted-abu-g/.

第8章

1. 本章的第二个引言引自 "Abuse Photos Part of Agreement on Military Spending," *New York Times*, June 12, 2009.

2. 参见彼得·加里森的精彩纪录片 *Secrecy* (2008)。

3. 我们应该在此回顾白宫律师约翰·尤对酷刑是要求"导致器官衰竭或死亡的极度身体疼痛"的著名定义,这将使除了在阿布格莱布监狱所犯谋杀之外的几乎一切都完全合法;或者回顾希拉里·克林顿巧妙地给她的竞选宣言即她永远不会允许酷刑添加的"作为一个政策问题"(as a matter of policy)——除了作为一个例外的"政策"偏离。

4. 当我在2009年6月底写下这些话时,伊朗似乎正处于电视播出的一场反对军事独裁革命的边缘,新的社交媒体——充当主流媒体主要信息来源的推特网、脸谱网、优兔网和代理服务器使得这种电视播出成为可能。

5. 陆军准将贾尼斯·卡尔平斯基被授予伊拉克境内15个拘留所的指挥权,在阿布格莱布监狱丑闻传开后,她的指挥权被解除并降级为上校。在《标准操作流程》中对卡尔平斯基的采访和她的著作《一个女人的军队》(*One Woman's Army*)(Miramax Books, 2005)表明,阿布格莱布监狱的虐囚行为是来自美国政府最高层的命令的直接结果。

6. James Agee, *Let Us Now Praise Famous Men* (Boston: Houghton Mifflin, 1939 and 1940), 9.

第9章

本章的一些部分先前发表为 "Sacred Gestures: Images from Our Holy War," *Afterimage* 34, no. 3 (November-December 2006).

1. 本章的第一个引言引自 Jacques Derrida, "What Is a 'Relevant' Translation," *Critical Inquiry* 27, no. 2 (Winter 2001): 169–200. 德里达正在此重复"国王的两个身体"这一经典教义，即永生君主之神圣、神性的身体与实际化身国王之肉身、凡人的身体。这一教义构成了祷文"国王逝世！国王万岁！"① 的逻辑基础。参见 Ernst H. Kantorowicz, *The King's Two Bodies* (Princeton, NJ: Princeton University Press, 1997).

2. 我正在此重复达比·英格利希（Darby English）一本关于黑人艺术家的杰出的新书书名 *How to See a Work of Art in Total Darkness* (Cambridge, MA: MIT Press, 2007).

3. Arthur Danto, "The Body in Pain," *Nation*, November 9, 2006.

4. Joel Snyder, "Visualization and Visibility," in *Picturing Science/Making Art* (London: Reaktion, 1997).

5. 我把［以 J. L. 奥斯汀（J. L. Austin）的"言语行为"为模型的］"图像行为"（picture act）这一概念归功于德国艺术史学家霍斯特·布雷德坎普，他是柏林洪堡大学图像行为与体现高等研究学院（the Collegium for Advanced Study of Picture Act and Embodiment）的负责人。

6. 到目前为止，除了偶尔的谣言之外，我还不能证实"耶稣姿势"作为一种通用的酷刑技术的存在。我将会感激来自本书读者的有关此事的任何信息。以色列的纪录片《给我最后的复仇机会》（*Avenge but One of My Two Eyes*）［2005 年艾维·莫格拉比（Avi Mograbi）执导］展示了对不合作的巴勒斯坦男子的受青睐的惩罚之一就是强迫他们站在一块石头上数个小时不下来。

7. 在罗里·肯尼迪的纪录片《阿布格莱布的幽灵》中，接受她采访的心理折磨方面的专家非常清楚压力姿势和心理折磨所造成的长期创伤的严重性。

8. 关于这个概念的进一步讨论，参见我的文章 "World Pictures: Globalization and Visual Culture," *Neohelicon* 34, no. 2 (December 2007), a special issue, "Toward 'Glocalized' Orientations: Current Literary and Cultural Studies in China," ed. Wang Ning. Reprinted in *Globalization and Contemporary Art*, ed. Jonathan Harris (London:

---

① 按照西方传统，当君主去世时，对外发布的第一条消息是"国王逝世！国王万岁！"法语表述为 "Le roi est mort. Vive le roi!" 英语表述为 "The king is dead. Long live the king!" 如果是女王去世，指称就换成 "reine" 或者 "queen"。这里两次提到"国王"这个单词，前一个"国王"是指去世的老王，后一个"国王"是指继位的新王。这种表述最早出自 15 世纪法国国王查理六世去世、查理七世继位之际，其动机是避免在两位国王交替期间出现空位期。这种表述在宣告国王逝世的同时也宣告了君主制的继续存在。作为人，国王是会死的；而作为国家首脑，其角色将由继任者即新的国王接替。——译者注

Blackwells，2009）．

9. Meyer Schapiro，"Words and Pictures：On the Literal and the Symbolic in the Illustration of a Text," in *Words，Script，and Pictures：Semiotics of Visual Language* (New York：Braziller，1996)．本章中后续对夏皮罗的引用标注在括号里。

10. 关于基督教福音派在入侵伊拉克中所发挥作用的描述，包括关于使穆斯林皈依基督教前景的支持战争的布道，萨达姆·侯赛因与尼布甲尼撒（Nebuchadnezzar）之间的类比，以及中东战争作为为"地球末日"所做的一个准备的重要性，参见 Charles Marsh，"Wayward Christian Soldiers，" *New York Times*，January 20，2006，社论对页版。

11. 利维坦手持牧羊人曲柄杖向上的姿势表明，他的君权的这一方面是指向把人们提升至永生，而手持剑向下的姿势则表明恰恰相反之意。

12. 参见卡斯·桑斯坦（Cass Sunstein）对一元化行政的强概念与弱概念之间区别的讨论。"What the 'Unitary Executive' Debate Is and Is Not About," University of Chicago Law School, "The Faculty Blog," August 6, 2007. http://uchicagolaw.typepad.com/faculty/2007/08/what-the-unitar.html，2009年11月28日访问。

13. 截至2009年11月28日，这名站在盒子上的男子仍然被继续引用《新闻周刊》文章的维基百科（Wikipedia）错误地识别为那个戴头罩的男子。http://en.wikipedia.org/wiki/Satar_Jabar，2009年11月28日访问。

14. 参见2006年3月14日 Salon.com：http://www.salon.com/news/feature/2006/03/14/torture_photo．

15. Michel Foucault，*The Order of Things* (New York：Random House, 1970)，9 – 10．

16. 关于这一场景的描写，参见 Seymour Hersh，*Chain of Command：The Road from 9/11 to Abu Ghraib* (New York：Harper Perennial，2005)，p. 29．

17. 参见上文第7章中的讨论。

18. 威廉·胡德（William Hood）在 *Fra Angelico at San Marco* (New Haven，CT：Yale University Press，1993) 中讨论了这种区别。

19. 关于恐怖分子作为君主的对手和替身的论述，参见社会学家文森佐·鲁杰罗（Vincenzo Ruggiero），"Terrorism：Cloning the Enemy," *International Journal of the Sociology of Law* 31 (2003)：23 – 34．

20. Carl Schmitt，*Political Theology：Four Chapters on the Concept of Sovereignty*，trans. George Schwab，with foreword by Tracy Strong (Chicago：University of Chicago Press，2005)，5．

21. Michel Foucault，*Discipline and Punish*，trans. Alan Sheridan (New York：

Vintage, 1979).

22. Foucault, *The Order of Things*, 29.

23. 参见例如源自现在圣彼得堡的狄奥尼修斯工作坊的一幅圣像，它展示了一个将亚当和夏娃从死亡中复活起来的基督形象。

24. Raphael Patai, *The Arab Mind* (New York: Hatherleigh Press, 1976; revised 1983), 113. 帕泰的简化性模式化形象的一个未被怀疑的优点是它会有助于解释美国政府在整个占领伊拉克期间的绝对的无耻行为。

25. 参见埃罗尔·莫里斯的《标准操作流程》中女性内裤过剩的证据。

26. Mark Danner, *Torture and Truth: America, Abu Ghraib, and the War on Terror* (New York: NYRB Collections, 2004), 227.

27. 我们听说至少一个发生相反类型皈依的例子，涉及一个在关塔那摩湾皈依伊斯兰教的美国士兵。参见 Dan Ephron, "The Gitmo Guard Who Converted to Islam," *Newsweek*, March 26, 2008. http://www.muslimmilitarymembers.org/article.php?story=2009032608411720，2009 年 11 月 30 日访问。

28. 《帖撒罗尼迦前书》(*1 Thessalonians*) 5: 2。

结论

1. 本章的两个引言都引自 Thomas R. Flynn, *Sartre, Foucault, and Historical Reason* (Chicago: University of Chicago Press, 1997), 55, 255.

2. Paul Rabinow and Nikolas Rose, "Biopower Today," *BioSocieties* 1 (2006): 195–217. 从一种生物政治的角度来看，"克隆时代"实际是指三种不同的时间性：(1) 相对新近的对人类基因组的解码，以及首次动物克隆实验；(2) 始于（比如说）孟德尔（Mendel），并终于 20 世纪 50 年代 DNA 分子的发现的整个遗传学与生物技术科学计划；(3) 福柯的生物政治时代，始于伴随着自由主义和旨在管理身体及人口的治理术新形式出现的 18 世纪晚期。人们在这种三重时间性中所观察到的是一个有力的隐喻从政府的和机构的生物权力（优生学、社会达尔文主义、公共卫生诊所、种族分类）到赫胥黎的《美丽新世界》再到 21 世纪的"克隆战争"向字面上的、技术上的现实的逐渐演变。

3. 大卫·辛普森在他的著作 *9/11: The Culture of Commemoration* (Chicago: University of Chicago Press, 2006) 中反思了许多以"9·11"为日期而被巩固的"周年纪念日"。

4. 参见 Slavoj Zizek, "It's the Political Economy, Stupid," *Critical Inquiry* (2010 年夏季即将出版)，作者认为金融恐慌所需要的恰恰不是"立即的行动"，而是一

个暂停以深思熟虑地反思资本主义的整个结构。不用说，奥巴马政府并未采纳这一建议，尽管这显然是全球经济危机背后更深层的忧虑。

5. 最接近可确定日期事件的事情可能会是2000年6月26日比尔·克林顿（Bill Clinton）和托尼·布莱尔（Tony Blair）宣布人类基因组的粗略草稿完成。

6. 当然，互联网上充斥着关于用被称为都灵裹尸布（the Shroud of Turin）的那件可疑人工制品上的DNA遗迹来克隆耶稣的计划的谣言。詹姆斯·博塞尼厄（James BeauSeigneur）完成了对这一假定的小说化处理。参见 *In His Image*（New York：Warner Books, 2003）。

7. 重要的是要记住，尽管克隆体可能是一个模拟表面和下层代码的"深度复制品"，但它从来都不是一个完美的复制品，因为有机体孕育和生存的环境从来都不是完全相同的，而且（从时间的意义上来讲）永远也不可能完全相同。这就是为何克隆体在相似性上不如同卵双胞胎那么精确。

8. 关于分别由"总体叙事"和"系统"驱动的萨特的历史哲学与福柯的历史哲学之间的巧妙比较，参见 Thomas R. Flynn, *Sartre, Foucault, and Historical Reason：Toward an Existentialist Theory of History*, vol. 1（Chicago：University of Chicago Press, 1997）。

9. Michel Foucault, *The Birth of Biopolitics：Lectures at the College de France, 1978–1979*, trans. Graham Burchell（New York：Palgrave Macmillan, 2008）。

10. 关于对阿甘本将福柯式的生物权力概念挪用于这些极端情况的批判，参见 Rabinow and Rose, "Biopower Today"。福柯的概念肯定支持更类似正常化的东西——治理术、社会规训和控制，而不是阿甘本所强调的"例外状态"。然而，我怀疑福柯同意生物政治的某些特征（最明显的是种族分类）可能会轻易地产生使例外状态正常化的效果，正如臭名昭著的纳粹企图使种族清洗合法化一样。这种情况肯定会发生在为布什政府的秘密监狱和酷刑制度强迫性地寻找法律依据的过程中。正如埃罗尔·莫里斯关于阿布格莱布监狱的纪录片《标准操作流程》的片名所暗示的，该片完美地表现了这一悖论。关于这方面的更多讨论，参见上文第8章。

11. 我在这里暗指萨特所强调的这个偶然事实，即德皇威廉那只萎缩的手臂对第一次世界大战开始时的一个关键人物产生了一种决定性影响。参见 Flynn, *Sartre, Foucault, and Historical Reason*, 20. 然而，爪人那只变形的手几乎不及从数百张图像档案中显现的一张独特照片获得全球图标地位这个偶然事实那么重要。

12. 萨特的历史同时性概念可以被视为萨特超越其历史的存在主义方法与福

柯的结构主义相对立的方式。弗林认为,同时性"指的是一种基本的统一……正如被记录在意识中的一个事实与其他地方正在发生或迄今已经发生的所有事情之间的统一"(*Sartre*,*Foucault*,*and Historical Reason*,12)。

13. 2007 年 6 月 5 日路透社,"Number of Iraqi Displaced Tops 4.2 Million; Shanty Towns Mushroom",联合国难民事务高级专员公署。http://www.alertnet.org/thenews/newsdesk/UNHCR/3600c843dbc8bc1408ddae9d73dd8cf2.htm,2009 年 10 月 1 日访问。